AKKORD-KONZEPTEFÜR MODERNEJAZZGITARRE

Erweiterte Akkord-Voicings und Substitutionen für moderne Jazzgitarre meistern

TIMPETTINGALE

FUNDAMENTALCHANGES

Akkord-Konzepte für moderne Jazzgitarre

Erweiterte Akkord-Voicings und Substitutionen für moderne Jazzgitarre meistern

ISBN: 978-1-78933-242-1

Veröffentlicht von **www.fundamental-changes.com**

Copyright © 2021 Tim Pettingale

Herausgegeben von Joseph Alexander

www.fundamental-changes.com

Über 13.000 Fans auf Facebook: **FundamentalChangesInGuitar**

Instagram: **FundamentalChanges**

Über 350 kostenlose Gitarrenlektionen mit Videos findest du unter

www.fundamental-changes.com

Titelbild Copyright: Shutterstock - Cafe Racer

Inhaltsverzeichnis

Einführung

Jazzgitarristen im Allgemeinen sind besessen von Akkorden. Wenn du, wie ich, von einem Rock/Blues-Hintergrund zum Jazz gekommen bist, wirst du wahrscheinlich das Gefühl kennen, dass der Jazz eine Tür zu einer neuen Welt komplexer, ausgefeilter Akkorde öffnet, die du vorher nicht kanntest. Neben den 7er- und 9er-Dur-Akkorden gibt es auch 7b5-Moll-Akkorde, alterierte Dominant-Akkorde und vieles mehr.

Wenn du weiter in den Jazz eingestiegen bist, wirst du auf exotischere Akkorde gestoßen sein, die erweiterte oder alterierte Noten enthielten, und warst vielleicht ein wenig verwirrt davon. Der moderne Jazz verwendet oft komplexere Harmonien, so dass die grundlegenden Akkordformen, die wir am Anfang gelernt haben, nicht mehr ausreichen und wir plötzlich die Jazzharmonik auf einer tieferen Ebene verstehen müssen. Wenn du mit etwas wie Cmaj13#11 auf einem Leadsheet konfrontiert wirst, fragst du dich vielleicht: *Wie spiele ich diesen Akkord?* Oder, was noch wichtiger ist, *wo kann ich ihn sonst noch verwenden?*

Dieses Buch dient zwei Zwecken...

Erstens: Wenn du schon eine Weile Jazz spielst, aber einen moderneren Sound erreichen willst, lernst du hier alle wichtigen erweiterten/alterierten modernen Jazz-Akkorde, die du kennen musst.

Wir werden Moll-, Dur- und Dominant-Akkorde mit erweiterten und alterierten Noten erkunden und sehen, wie sie im Kontext einiger bekannter Jazz-Standards funktionieren. Diese reichhaltig klingenden Akkorde werden deinem Spiel eine neue Tiefe verleihen und dich von Spielern abheben, die nach den gleichen, routinemäßigen Akkordformen greifen. Sie werden auch dein Akkordvokabular in einer Weise erweitern, die dir sehr helfen wird, wenn es darum geht, deine eigenen Arrangements von Stücken zu erstellen.

Zweitens lehrt dieses Buch eine eher pianistische Betrachtungsweise von Akkord-Voicings.

Im Allgemeinen lernen wir neue Akkorde in Rasterform, aber das Auswendiglernen von Akkorden auf diese Weise kann sowohl ein Segen als auch ein Fluch sein. Ein Vorteil ist, dass es unglaublich einfach ist, Akkorde in andere Tonarten zu transponieren. Der Nachteil ist, dass wir dazu neigen, Akkorde immer vom Grundton aus zu lernen/spielen, und wir kennen selten die anderen Noten/Intervalle im Akkord. Akkorde vom Grundton aus zu lernen ist für viele Musikformen absolut in Ordnung, aber im zeitgenössischen Jazz - mit seiner Betonung von Akkord-Substitution und Überlagerung - kann dies ein einschränkender Faktor sein.

Das Klavier hat eine kontinuierliche lineare Anordnung von Noten, so dass Akkorde nicht an einem Grundton verankert sein müssen - sie breiten sich über die Tastatur aus und können auf verschiedene Arten angesprochen werden, wobei die Intervalle in einer anderen Reihenfolge gestapelt sind. Wenn wir uns von einer grundtonzentrierten Herangehensweise auf der Gitarre lösen können und anfangen, in Konzepten von Noten und Intervallen zu denken, die auf verschiedene Arten gestapelt sind, öffnet sich plötzlich das Griffbrett und es stehen uns viel mehr Optionen zur Verfügung. Ich zeige dir einen Ansatz, mit dem du Akkorde auf dem Griffbrett „abbilden" kannst, der harmonische Barrieren aufbricht und dir mehr kreativen Spielraum gibt. Keine Angst, wir werden immer noch vertraute Akkordraster verwenden, um neue Formen zu lernen, aber mit dem Ziel, Akkorde überall auf dem Hals *visualisieren zu können*.

Am Ende dieses Buches wirst du in der Lage sein, dein neues Wissen anzuwenden, um ausgefeilte Akkord-Phrasen zu erstellen, die du beim Komponieren verwenden kannst, und du wirst die Werkzeuge haben, die du brauchst, um gut klingende Jazzgitarren-Arrangements zu erstellen.

Viele neue Klänge liegen vor dir, genieße also deine musikalische Reise und lass uns loslegen.

Tim.

Kapitel Eins - Major 7#11

Der Major-7#11-Akkord ist ein schöner, anspruchsvoller Akkord, der im modernen Jazz viel verwendet wurde. Er ist als *lydischer* Akkord bekannt und hat die gleichen Eigenschaften wie dieser Modus: Er ist weiträumig, etwas zweideutig und klingt ätherisch. Er ist im modernen Jazz so weit verbreitet, dass ich ihm ein ganzes Kapitel widmen musste.

Der Major 7#11 ist der erste Akkord, der durch Harmonisierung der Noten des lydischen Modus erzeugt wird. Für unser Beispiel verwenden wir Cmaj7#11.

C Lydisch ist der vierte Modus der G-Dur-Tonleiter und enthält die Noten: C D E F# G A B (eine G-Dur-Tonleiter, die auf C beginnt und endet).

C	D	E	F#	G	A	B
I	II	iii	iv	V	Vi	vii

Der Major-7#11-Akkord hat die Formel 1, 3, 5, 7, #11, also enthält Cmaj7#11 die Noten C, E, G, B und F#.

Nachfolgend sind die Akkordformen aufgeführt, die am häufigsten für Major 7#11 gelehrt werden, wobei sich die Grundtöne auf den tiefen Saiten E, A und D befinden. Beachte, dass ich fünf Noten in diesem Akkord aufgelistet habe, aber die folgenden Voicings nur vier verwenden. Wir müssen nicht immer jede Note eines Akkords einbeziehen, um seinen einzigartigen Klang zu erzeugen, und oft wird die 5. ausgelassen.

Hören wir uns an, wie jedes Voicing im Kontext einer Progression klingt.

Beispiel 1a

Beispiel 1b

In diesem Beispiel wird in Takt zwei die Major-7#11-Form mit einem Quarten-Voicing von C-Dur als Kontrast aufgebrochen.

Beispiel 1c

In diesem Beispiel werden beide D-Saiten-Formen am Ende verwendet, um Bewegung und Interesse zu erzeugen.

Beispiel 1d

Diese Formen sind nicht die einzige Möglichkeit, Cmaj7#11 zu spielen. Tatsächlich gibt es ein wichtiges Prinzip, das wir für unsere akkordischen Erkundungen verwenden können:

Solange ein Akkord-Voicing die Charakternote (d.h. in diesem Fall die #11) und genügend unterstützende Noten enthält, um den *Klang* des Akkords zu erzeugen, müssen wir nicht *alle* anderen Akkordnoten einbeziehen, um ein sinnvolles Voicing zu erzeugen.

Alle Ideen in diesem Buch beruhen auf diesem Konzept.

Das heißt, wir können bestimmte Intervalle verdoppeln oder andere ganz weglassen. Wir müssen den Grundton überhaupt nicht einbeziehen, denn der Kontext des Akkords in einer *Sequenz* bestimmt, wie unsere Ohren ihn wahrnehmen. Dieser Ansatz gibt uns viel mehr Freiheit, den *Klang* von Cmaj7#11 zu erzeugen, wenn wir ihn im Kontext einer Akkordfolge statt als einzelnes „Ereignis" betrachten. Unser Leitprinzip ist, dass unsere Notenwahl im *Kontext* gut klingen muss.

Zum Beispiel ist dieses Voicing von Cmaj7#11 aufgebaut (tief bis hoch) mit der 5. Die 3. wird weggelassen. Im Kontext ist es eine schönes Voicing, das den Klang des Akkords perfekt einfängt.

Beispiel 1e

Cmaj7#11

Der Ansatz, über Akkorde in Bezug auf ihre definierenden Charaktertöne zu denken, anstatt sie vom Grundton aufwärts aufzubauen, eröffnet uns das gesamte Griffbrett. (Am Ende dieses Abschnitts findest du eine Griffbrettkarte des Major-7#11-Akkords, die dir hilft, ihn auf dem gesamten Hals zu visualisieren).

Dieser Ansatz ist eine eher pianistische Art, über Voicings und die Anordnung der Noten nachzudenken. Er erinnert an den Pianisten Bill Evans, aber auf die Gitarre angewandt. Mit diesem Gedanken im Hinterkopf werden wir mehrere alternative Möglichkeiten der Intonation von Cmaj7#11 erkunden und hören, wie sie im Kontext einer Progression funktionieren. Jede dieser Formen fängt die Essenz des Akkords ein, ist aber nicht auf eine traditionelle, gitarristische Weise konstruiert.

Die unten stehende Intonation ist aus 3, 5, Grundton, #11 aufgebaut. Die Tatsache, dass sie keine große 7 enthält, lässt sie besonders angespannt klingen, daher wurde sie in diesem Beispiel mit einem Cadd9-Akkord gepaart, um ein Gefühl der Auflösung zu erzeugen.

Beispiel 1f

Das nächste Voicing nutzt eine verfügbare leere Saite. Es ist auch sehr ungewöhnlich, da es von unten nach oben aufgebaut ist: Grundton, #11, 7, 7, #11.

Beispiel 1g

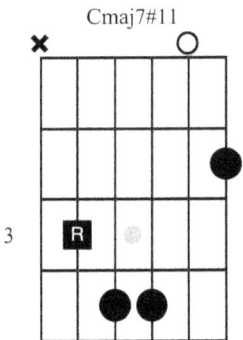

Diesmal ist das Voicing #11, Grundton, 3., 7. und funktioniert gut im Kontext einer ii V I-Sequenz in C-Dur.

Beispiel 1h

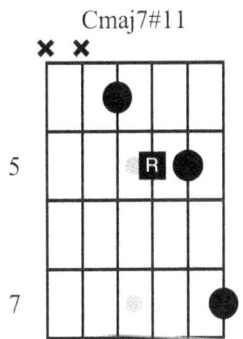

Im nächsten Beispiel wird der Cmaj7#11 auf das Wesentliche seines Klangs reduziert und mit 5 (G), Grundton (C), #11 (F#) gespielt. Hier siehst du, wie du ihn in eine modern klingende Progression einbauen kannst:

Beispiel 1i

Hier ist eine Möglichkeit, wie der vorherige Akkord angepasst werden kann, um eine gut klingende ii V I zu erzeugen.

Beispiel 1j

Dm(Maj7) **G7#9♭13** **G7** **Cmaj7#11** **C6/9 (#11)**

Die nächste Idee verwendet eine vollere Version von Cmaj7#11 in einer konventionelleren Weise, indem die 5. weggelassen wird. Hier haben wir den Grundton, die 3, die 7, die 3 verdoppelt und die #11.

Beispiel 1k

Cmaj7#11

Dm9 **E♭Maj9** **Emaj9** **Cmaj7#11**

Wenn du tiefer in die Betrachtung von Akkord-Voicings einsteigst und sie weniger als feste Griffe und mehr als Cluster von Noten, die über den Hals verteilt sind, verstehst, tun sich einige interessante Formen auf. Die Beispiele 1l und 1m verwenden geometrische Muster, die schön unter die Finger fallen.

Beispiel 1l verwendet ein Dm9 mit der 5. im Bass und einen G-Dur-Akkord mit der 3. im Bass, um in den Cmaj7#11 überzugehen.

Beispiel 1l

In Beispiel 1m hältst du eine Dm7-Akkordform in der fünften Position, lässt aber die offene hohe E-Saite ausklingen, um sie in einen Dm9 zu verwandeln. In der zweiten Hälfte des zweiten Taktes führen die beweglichen verminderten Akkordformen zur oberen Note des Cmaj7#11-Akkords.

Beispiel 1m

Hier ist ein dichter klingender, eng gegriffener Cmaj7#11 mit Grundton, #11, 7. und 3., in einer ii V I-Progression verwendet.

Beispiel 1n

Cmaj7#11

Dm11   G7#9   Cmaj7#11

Dies ist eines meiner Lieblingsvoicings von Cmaj7#11, gespielt im Kontext einer komplexeren ii V I.

Beispiel 1o

Cmaj7#11

Dm9 **Dm7** **Dsus** **G13** **G7#9(♭13)** **G9** **G7♭9**

Cmaj7#11 **Cmaj7#11** **Cmaj7#11**

Probiere zum Schluss dieses Voicing von Cmaj7#11 aus. In dieser ii V I habe ich einige unkonventionelle Voicings für die Dm- und G7-Klänge verwendet, indem ich die offenen Saiten genutzt habe. Lasse die offenen Saiten ausklingen, bevor du das geschlossene Cmaj7#11-Voicings spielst.

Beispiel 1p

Cmaj7#11

Dm(add9) **G13** **Cmaj7#11**

Es lohnt sich, hier zwei klassische Jazz-Standards zu erwähnen, die sich stark auf den Klang des Major-7#11-Akkords stützen: *Blue in Green* von Miles Davis und Bill Evans' eindringliches *Time Remembered*. Schaue dir die Originalaufnahmen dieser Stücke an und übe deine Major-7#11-Voicings, indem du zu ihnen mitspielst.

Anwendung des Major-7#11-Akkords in Jazz-Standards

Im weiteren Verlauf dieses Kapitels werden wir uns einige verschiedene Möglichkeiten ansehen, wie du den Major-7#11-Klang in dein Spiel einbeziehen kannst - auch wenn der Akkord nicht ausdrücklich auf dem Leadsheet aufgeführt ist. Einige der Beispiele hier sind Substitutionsideen, während andere aufzeigen, wie man den Akkord geschmackvoll in einem bestimmten Kontext verwenden kann. Obwohl wir mit dem Major-7#11-Akkord arbeiten, lassen sich viele dieser Ideen auch auf andere Dur-Akkordvariationen anwenden. Wenn du die Beispiele durchgespielt hast, liegt es an dir, diesen Klang weiter zu erforschen.

Major 7#11 anstelle eines Major-7-Akkords

Wie in vielen der vorherigen Beispiele gezeigt wurde, ist die offensichtlichste Verwendung des Maj7#11-Klangs die Substitution für einen normalen Major-7-Akkord. Bevor du jedoch *einen beliebigen* Major-7-Akkord, den du auf einem Leadsheet siehst, durch einen Major-7#11-Akkord ersetzt (insbesondere wenn du in einem Bandkontext spielst), ist Vorsicht angesagt!

Es ist eine Sache, diesen Akkord bei der Begleitung während eines Solos zu verwenden, und eine ganz andere Sache, ihn zu verwenden, während die Melodie gespielt wird. Um ihn unter der Melodie zu verwenden, musst du Diskretion walten lassen und dir bewusst sein, wohin die Melodie geht. Denke daran, dass dieser Akkord sowohl die 5. (in unserem Beispiel eine G-Note) als auch die 11 (F#) enthält. Wenn die Melodie des Stücks die 5. eines Cmaj7-Akkords (G) hervorhebt, dann wählst du ein Voicing für Cmaj7#11, bei dem das F# nicht oben liegt.

Lass uns nun die Beispiele durchspielen...

Eine Stelle, an der sich der Major 7#11 auszeichnet, ist die Substitution eines Major-7-Akkords in einer I ii iii ii-Progression. Diese Sequenz taucht in vielen Stücken auf und ist ein wichtiger Teil des John Coltrane-Klassikers *Moments Notice*. Dieser Teil des Stücks bietet eine gewisse Entlastung von den sich schnell bewegenden Akkordwechseln, die ihm vorausgehen, und bietet, offen gesagt, eine kleine Verschnaufpause für den Solisten! Das Stück steht in Eb-Dur und wir befassen uns mit den letzten 8 Takten:

| Eb6/9 | Fm7 | Gm7 | Fm7 |

| Eb6/9 Fm7 | Gm7 Fm7 | Eb | % |

Anstelle von Eb6/9 können wir hier den dunkler klingenden Ebmaj7#11 spielen. Die unten verwendeten Voicings kollidieren überhaupt nicht mit der Melodie, sind also auch in diesem Kontext sicher zu verwenden.

Beispiel 1q

Beispiel 1r

Eine weitere Stelle, an der du diese Substitution verwenden kannst, ist in *Autumn Leaves*. Ersetze in Takt vier das Cmaj7 durch Cmaj7#11. In der folgenden Weise gespielt, gibt es keinen Konflikt mit der Melodie und die Bewegung von Cmaj7#11 zu F#m7b5 erzeugt eine angenehme Kadenz.

Major 7#11 gepaart mit einem Major 9-Akkord

Wenn ein Major-7#11-Akkord für sich allein zu angespannt klingt, kann er als *Akkordbegleiter* zu einem Major-9-Akkord verwendet werden. Du kannst z. B. den Turnaround, der zur Bridge von *Georgia* führt, wie unten dargestellt spielen. Der Major 7#11 fügt eine kleine Spannung hinzu, die schnell aufgelöst wird, aber seine Anwesenheit verhindert, dass die Progression routinemäßig klingt.

Beispiel 1s

Hier ist eine weitere Möglichkeit, diese Sequenz mit Voicings in höheren Lagen zu spielen. In den ersten beiden Takten wurden die Dominant-7-Akkorde durch b5-Substitutionen ersetzt, um eine chromatisch absteigende Basslinie zu erzeugen.

Beispiel 1t

Major 7#11 vor einem IVMaj7-Akkord in derselben Tonart

Bei diesem Konzept ersetzt der Major-7#11-Akkord wieder einen gewöhnlichen Major-7-Akkord, aber der Kontext ist anders. Der Übergang von einem I-Major 7#11-Akkord zu einem IV-Major 7-Akkord ist eine schöne Verwendung dieses Akkords. Wenden wir diese Idee auf die ersten Takte von *Alice in Wonderland* an.

Beispiel 1u

Die Anfangstakte von *Skylark* können so gespielt werden, um die Harmonie aufzupeppen.

Beispiel 1v

Major 7#11 als Substitution für einen V7-Akkord

Kurt Rosenwinkel ersetzt manchmal einen V7-Akkord durch einen Major 7#11. Wenden wir diese Idee auf die ersten Takte des Stücks *Body and Soul* an. Die ursprünglichen Akkorde lauten wie folgt:

| Ebm9 Bb7b9 | Ebm9 Ab13 | Dbmaj7 Gb7 | Fm7 E°7 |

In Takt zwei sehen wir den Beginn einer ii V I-Sequenz in Db-Dur: Ebm9 - Ab7 - Dbmaj7. Wir können den V7-Akkord (Ab7) durch einen Major-7#11-Akkord ersetzen, der einen *ganzen Schritt* vom Grundton entfernt ist. Jetzt spielen wir also Gbmaj7#11 anstelle von Ab7, und die mittleren beiden Takte sehen wie folgt aus:

| Ebm9 Gbmaj7#11 | Dbmaj7 Gb7 |

So hört sich diese Substitution an:

Beispiel 1w

Warum funktioniert das? Wie die meisten Akkord-Substitutions-Ideen im modernen Jazz funktioniert es auf der Basis von gemeinsamen Noten.

Gbmaj7#11 ist folgendermaßen aufgebaut: Gb (1), Bb (3.), Db (5.), F (7.) und C (#11)

Vergleichen wir die Noten von Ab13 und wir sehen, welche Intervalle der Major-7#11-Akkord hervorhebt.

Ab13 = Ab (1), **C (3.)**, Eb (5.), **Gb (7.)**, **Bb (9.)**, **Db (11.)**, **F (13.)**

Gbmaj7#11 enthält die Intervalle 3, 7, 9, 11 und 13 von Ab13.

Hier ist eine weitere Möglichkeit, diese Progression mit verschiedenen Voicings zu spielen.

Beispiel 1x

Major 7#11 als Ersatz für oder gepaart mit einem Moll-9-Akkord

Eine Situation, in der die Major 7#11 wirklich aufblüht, ist als Substitution für einen Moll 9-Akkord. Stell dir diese Substitution in Form von relativen Dur/Moll-Tonarten vor. Die relative Dur-Tonart von c-Moll ist Eb-Dur. Wenn du einen Cm9-Akkord geschrieben siehst, kannst du ihn durch einen Ebmaj7#11 ersetzen. Sie klingen auch gut, wenn sie nacheinander gespielt werden. Spiele das folgende Beispiel durch, um zu hören, wie dies klingt.

Beispiel 1y

Warum funktioniert das?

Ebmaj7#11 ist so aufgebaut: Eb (Grundton), G (3.), Bb (5.), D (7.), A (#11).

Cm9 ist so aufgebaut: C (Grundton), Eb (b3), G (5.), Bb (b7), D (9.)

Der Ebmaj7#11-Akkord hebt die b3, die 5, die b7 und die 9. von Cm9 hervor, enthält also mehr als genug harmonische Informationen, um den Klang des Akkords im Kontext der Progression zu erzeugen. (In diesem Beispiel wurde auch das Konzept des Major 7#11 gepaart mit einem Major 9 in Takt zwei verwendet). Probiere diese Idee in einer beliebigen Dur ii V I aus.

Major 7#11 als Annäherungsakkord (von einem Halbton darüber oder darunter) auf einen I- oder IV-Akkord

Du kannst dich jedem I-Akkord chromatisch von oben oder unten nähern und hier ist eine Möglichkeit, den Major 7#11 zu verwenden, um genau das zu tun. Das untenstehende Beispiel basiert auf den ersten acht Takten von *All The Things You Are* und beinhaltet auch die „Major 7#11 **für Moll 9**"-Substitutionsidee.

In Takt zwei wird Bbm9 mit seinem relativen Dur, Dbmaj7#11, gepaart. In Takt drei nimmt der Amaj7#11-Akkord den folgenden Abmaj7-Akkord vorweg, indem er sich ihm von einem Halbtonschritt darüber nähert. Dies erzeugt einen sehr dissonanten Klang, aber die Spannung und Auflösung geschieht sehr schnell in dieser Up-Tempo-Melodie.

Nach dem Abmaj7-Akkord in Takt 4 nähert sich der Cmaj7#11-Akkord dem Dbmaj7 von einem Halbtonschritt darunter. In den Takten 7-8, wo die ursprünglichen Akkordwechsel nur Cmaj7 haben, springen wir frei zwischen C-Dur- und A-Moll-Voicings, die alle auf der Basis gemeinsamer Noten funktionieren. Joe Pass würde ein Arrangement wie dieses oft „ausfüllen", wenn er solo spielt, indem er chromatische Annäherungsakkorde einführt.

Beispiel 1z

Beherrschen des Major 7#11

Wenn wir die Noten von Cmaj7#11 über den Hals verteilen (C, E, G, B, F#), können wir eine „Griffbrettkarte" erstellen (siehe Abbildung unten). Wenn du in der Lage bist, zu visualisieren, wie ein Akkord über den Hals verteilt ist, kannst du beginnen, die Akkord-Voicings herauszusuchen, die du bereits kennst, aber auch neue entdecken.

Verbringe einige Zeit mit der Karte, indem du wie folgt vorgehst:

- Identifiziere, wo sich gängige Akkord-Voicings befinden

- Schaue, welche neuen Versionen des Akkords du entdecken kannst. Beginne mit Noten, die mit den gängigen Formen verbunden sind (d. h. Akkorde, die *eine oder mehrere Noten* mit einer gängigen Form *teilen*)

- Suche nun nach völlig neuen Formen, die du innerhalb der Griffbrettkarte spielen kannst und versuche, den Hauptcharakterton (in diesem Fall die #11, ein F#) einzubeziehen

- Spiele einen Drumloop oder ein Metronom ab und übe das Spielen dieser Formen, wobei du den gesamten Hals nutzt

- Erstelle einen Loop eines Akkord-Voicings und spiele Noten aus der Griffbrettkarte darüber, um melodische Linien zu erzeugen und den Klang des Akkords weiter in deinem Ohr zu verankern

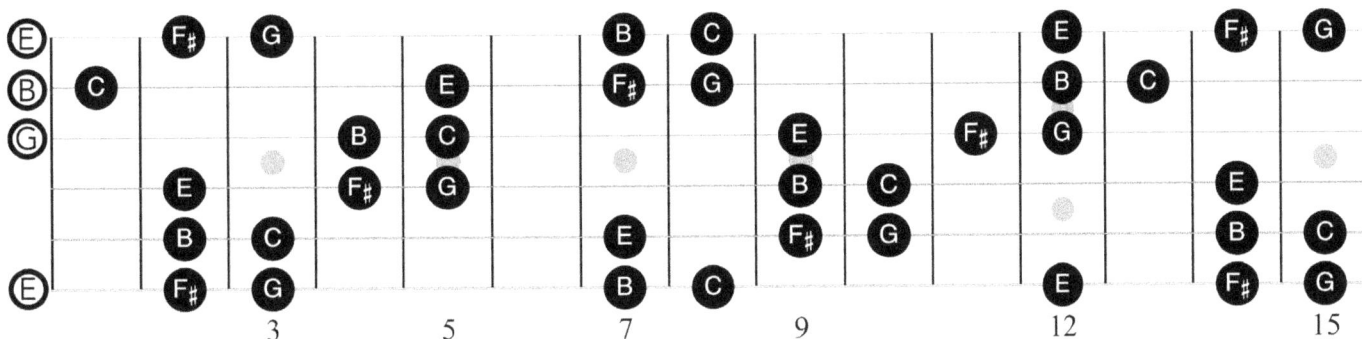

Wann immer du ein Voicing findest, das dir gefällt, notiere es in einem Akkorddiagramm und setze es sofort ein, indem du es in einer Progression verwendest. Auf diese Weise lernst du es im Kontext und nicht als isolierte Form. Hab Spaß und werde kreativ beim Erforschen dieses Konzepts.

Kapitel Zwei - Major 7b5 und #5

In diesem Kapitel werden wir zwei moderner klingende Major-Akkorde erkunden: den Major 7b5 und den Major 7#5. Der Major-7b5-Akkord hat eine dunklere Klangfarbe, und der Major-7#5-Akkord hat das Potenzial, kantig und unaufgelöst zu klingen, aber im Zusammenhang mit einer gut durchdachten Stimmführung erzeugen beide Akkorde einige wunderbare moderne Sounds.

Major 7b5

Lass uns zunächst einen Blick auf den Major 7b5 werfen und ein verbreitetes Missverständnis ausräumen.

Der Major-7b5-Akkord wird oft mit dem Major-7#11-Akkord verwechselt, da b5 und #11 enharmonische Konzepte sind, die die gleiche Note beschreiben. Die Formel für diese Akkorde ist jedoch unterschiedlich:

Der Major-7#11-Akkord hat die Formel 1, 3, 5, 7, #11. Cmaj7#11 enthält die Noten C, E, G, B, F#

Der Major-7b5-Akkord hat die Formel 1, 3, b5, 7. Er hat keine natürliche Quinte und Cmaj7b5 enthält die Töne C, E, Gb, B

Woher kommt der Major-7b5-Akkord?

Die Antwort kann je nach dem Kontext, in dem der Akkord verwendet wird, variieren, aber um uns nicht in der Theorie zu verzetteln, ist es einfacher, diesen Akkord im Kontext der C-Dur-Tonleiter zu betrachten.

Ein Standard-Cmaj7 ist aufgebaut aus C (Grundton), E (3.), G (5.), B (7.)

Der 7b5-Dur-Akkord wird konstruiert, indem die Quinte um einen Halbtonschritt erniedrigt wird, was zu einer chromatischen Note führt, die nicht zur C-Dur-Tonleiter gehört.

Das Wort „chromatisch" kommt aus dem Griechischen *khrōmatikos*, was „zur Farbe gehörend" oder „für Farbe geeignet" bedeutet. Die weitere Bedeutung des Wortstammes *khrōma* bedeutet „verzieren" oder „verschönern".

So denke ich über diesen Akkord. Wir haben etwas sehr Vertrautes genommen und die Chromatik genutzt, um Farbe und Verzierungen hinzuzufügen. Je mehr Farben wir zur Verfügung haben, desto mehr können wir unser Spiel von gewöhnlichen, routinemäßigen Entscheidungen abheben.

Schauen wir uns den Major 7b5 genauer an und hören wir ihn im Zusammenhang mit einigen Akkordfolgen. Wir werden sofort seine dunkle, stimmungsvolle Qualität bemerken. In jedem Beispiel gebe ich dir ein Akkorddiagramm und eine Erklärung des verwendeten Major 7b5-Voicings.

Beispiel 2a verwendet ein reichhaltiges, voll klingendes Voicing von Cmaj7b5. In Takt zwei ist der Db7b5-Akkord eine b5-Substitution für G7.

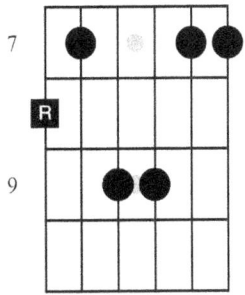

Cmaj7b5

Beispiel 2a

Dm11	Db7b5	Cmaj7b5	A7b9b13

Hier ist eine weitere Möglichkeit, die Major-7b5-Farbe zu einer ii V I VI-Sequenz in C-Dur hinzuzufügen. In diesem Beispiel ist das Akkord-Voicing C (Grundton), Gb (b5), B (7.), E (3.).

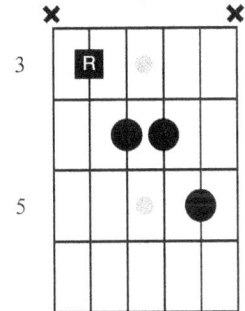

Cmaj7b5

Beispiel 2b

Dm11	Db11	Cmaj7b5	A7b9

Beispiel 2c hebt den Major 7b5 als Teil einer sich schneller bewegenden Progression hervor. In Takt zwei wird der Dm9-Akkord statt des erwarteten G7-Akkords um eine kleine Terz (drei Bünde auf der Gitarre) nach oben zu Fm9 verschoben - eine übliche Bebop-Akkord-Substitutionsidee. Hier ist der 7b5-Dur-Akkord wie folgt aufgebaut: C (Grundton), Gb (b5), B (7.), E (3.).

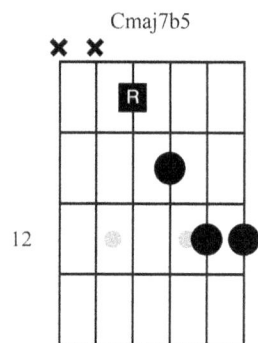

Beispiel 2c

Denke daran, dass wir Akkorde nicht mit dem Grundton als tiefster Note spielen müssen. In den meisten Jazz-Settings, an denen eine Gitarre beteiligt ist (es sei denn, es wird solo oder im Duo gespielt), gibt es normalerweise einen Bassisten oder Pianisten, der das untere Ende des Harmoniespektrums abdeckt. Dies gibt dem Jazzgitarristen viel mehr Freiheit beim Begleiten. In Beispiel 2d wird der Cmaj7b5-Akkord mit dem b5 im Bass gegriffen: Gb (b5), C (Grundton), E (3.), B (7.).

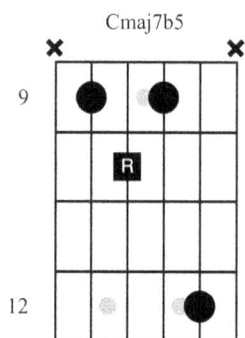

Beispiel 2d

Die nächsten drei Voicings nutzen alle Akkordtöne auf offenen Saiten. In Beispiel 2e ist der Akkord als Grundton, 3. und 7. angeordnet. Die 7. wird auf der offenen B-Saite verdoppelt, und die b5 wird darüber gelegt.

Dieser Akkord kann etwas knifflig zu greifen sein. Vom Grundton auf der A-Saite bis zur hohen E-Saite benutze ich jeweils die Finger 3, 2, 4 und 1. Greife den Akkord, indem du deinen dritten Finger zuerst auf den Grundton legst und der Rest sollte sich von selbst ergeben.

Beispiel 2e

In diesem Voicing sind die B-Note (G-Saite, vierter Bund) und die C-Note (B-Saite, erster Bund) nur einen Halbtonschritt voneinander entfernt, so dass eine starke Dissonanz entstehen könnte, die jedoch verschwindet, wenn die anderen Noten hinzugefügt werden. Da sich die 3. auf der offenen hohen E-Saite befindet, hat der Akkord eine schön klingende Qualität.

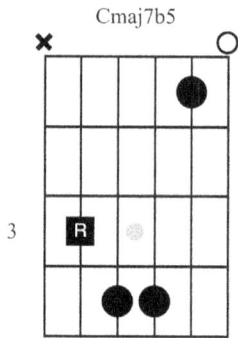

Cmaj7b5

Beispiel 2f

Dm9   Gsus2(♭6)   Cmaj7♭5   Cmaj9

Hier ist ein einfach zu spielendes, aber effektives Voicing von Cmaj7b5, das zwei offene Saiten verwendet, um die 7. auf der offenen B-Saite und die 3. auf der offenen E-Saite einzuschließen. Es hat eine großartige Resonanz.

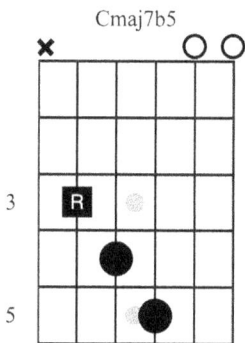

Cmaj7b5

Beispiel 2g

Dm9   G13♭9   Cmaj7♭5

Anwendung des Major-7b5-Akkords in Jazz-Standards

Schauen wir uns nun verschiedene Möglichkeiten an, wie wir den Major 7b5-Sound in unser Spiel integrieren können. Ich werde Schritt für Schritt alle neuen Substitutionsideen hervorheben. Die obigen Beispiele haben bereits gezeigt, wie der Major 7b5 anstelle eines regulären Major 7-Akkords verwendet werden kann, daher hier einige Beispiele, wie er im Kontext einiger Jazz-Standards eingesetzt werden kann. Dieses erste Beispiel verwendet zwei Voicings von Gmaj7b5 in den ersten acht Takten von *Embraceable You*.

Beispiel 2h

Das nächste Beispiel zeigt, wie die ersten fünf Takte von *Body and Soul* so arrangiert werden können, dass sie den Major 7b5 enthalten, um einen stimmungsvolleren Sound zu erzeugen. Beachte ab Takt zwei, dass die Akkord-Voicings so angeordnet sind, dass eine chromatisch absteigende Basslinie erzeugt wird. Die letzten vier Akkorde haben alle die 5. im Bass, um dieser Idee Rechnung zu tragen.

Beispiel 2i

Beispiel 2j basiert auf den ersten Takten von „*The Days of Wine and Roses*". Obwohl wir hier nicht die Melodie spielen, sind die Voicings perfekt positioniert, um sie als Teil eines Akkord-Melodie-Arrangements zu spielen, falls du dies möchtest.

Beispiel 2j

Hier sind die ersten paar Takte des großartigen Antonio Carlos Jobim-Stücks „*Desafinado*". In Takt 2 nutzt das Fmaj7b5-Akkord-Voicing die verfügbare offene hohe E-Saite (der Akkord ist so angeordnet: Grundton, b5, Grundton, 3., 7.). In den Takten 3-4 des ursprünglichen Leadsheets ist ein G7b5 angegeben, aber ein G7#11 funktioniert genauso gut.

Beispiel 2k

Ähnlich wie der Major-7#11-Akkord löst sich der Major 7b5 als I-Akkord angenehm zu einem IV-Major 7-Akkord in derselben Tonart auf. Hier ist ein einfaches Beispiel dafür, wie dies klingt. Du kannst diese Ideen auf jede ii V I in einem Jazz-Standard anwenden.

Beispiel 2l

Die nächsten vier Beispiele platzieren den Cmaj7b5 als I-Akkord vor einen IVmaj7-Akkord in der gleichen Tonart. Du kannst diese Ideen auf jeden Jazz-Standard anwenden, der diese Sequenz verwendet (z. B. *Autumn Leaves*).

Dieses erste Beispiel verwendet eine offen klingende Intonation von Cmaj7b5 mit dem b5 (Gb) im Bass und dem Grundton, der 3. und der 7. darüber gestapelt. Der Übergang zu Fmaj7 funktioniert reibungslos, da sich die Noten auf den G- und B-Saiten nicht bewegen.

Beispiel 2m

Hier ist eine andere Art, Cmaj7b5 zu spielen, die die offene Saite nutzt. Der Akkord ist, von tief bis hoch, so aufgebaut: 3., b5, Grundton, 7. und die 3. eine Oktave höher wiederholt. Diesmal zieht es die Bassnote (E) zur Auflösung einen Halbtonschritt zum Grundton des Fmaj9-Akkords.

Beispiel 2n

Der stimmführende Ansatz von Beispiel 2o hält eine E-Note auf der hohen E-Saite, 12. Bund, während der ersten drei Takte. Das Ergebnis ist, dass das Cmaj7b5 bequem in der Progression sitzt.

Beispiel 2o

Hier ist ein komplexeres Beispiel, das zwei Voicings von Cmaj7b5 verwendet. Das zweite Voicing in Takt drei hat das b5 im Bass und löst sich einen Halbtonschritt nach unten zu Fmaj9 auf.

Beispiel 2p

Major 7b5 Substitution für einen relativen Moll 6 / Moll 9

Der Major-7b5-Akkord kann als Ersatz für einen relativen Moll-Akkord dienen. Zum Beispiel können wir Cmaj7b5 anstelle von A-Moll spielen. Diese Idee funktioniert auf der Basis von gemeinsamen Noten. Vergleiche diese Akkordstrukturen:

Cmaj7b5 = C (Grundton), E (3.), Gb (b5), B (7)

Am6/9 = A (Grundton), C (b3), E (5.), Gb (6.), B (9)

Wenn wir den Grundton des Am6/9-Akkords weglassen, dann hebt Cmaj7b5 seine Intervalle b3, 5, 6 und 9 hervor und ist somit eine effektive Substitution.

Hören wir uns an, wie diese Idee klingt, wenn wir den A-Moll-Akkord in Takt 1 der folgenden ii V I-Progression durch Cmaj7b5 ersetzen. Der Major-7b5-Akkord peppt auf, was eine sehr routiniert klingende Sequenz sein könnte.

Beispiel 2q

Hier sind drei weitere Möglichkeiten, diese Sequenz zu spielen.

Beispiel 2r

Beispiel 2s

Beispiel 2t

Major 7b5-Substitution für einen Moll 7b5-Akkord

Wenn es um Akkord-Substitutionsmöglichkeiten geht, erweist sich der Major 7b5 als das Schweizer Taschenmesser schlechthin! Cmaj7b5 hat mit F#m11b5 vier Töne gemeinsam: F#/Gb (Grundton), E (b7), C (b5) und B (11). Abgesehen von der fehlenden Terz gibt es genug harmonische Informationen, damit Cmaj7b5 als effektiver Ersatz für einen F#m7b5-Akkord in einer Moll-ii-V-i-Sequenz verwendet werden kann (z. B. F#m7b5 - B7alt - Em7).

Warum sollten wir das tun?

Einfach, um andere mögliche Akkord-Voicings zu eröffnen und das Griffbrett freizuschalten. Wir lösen uns von Akkordrastern und denken pianistischer. Höre dir an, wie diese Idee im Zusammenhang mit den *Autumn Leaves* Changes unten klingt.

Beachte hier die Idee der absteigenden Basslinie. Das Cmaj7 in Takt vier ist mit der 5. im Bass gegriffen. In Takt fünf hat der Cmaj7b5 (der als F#m7b5 fungiert) eine ungewöhnliche Intonation von b5, Grundton, b5, Grundton, 3. Der abschließende B7-Akkord wird ebenfalls mit der 5. im Bass gegriffen, damit die Bassnoten auf der tiefen E-Saite bleiben.

Beispiel 2u

Hier zeige ich, wie diese Idee im Stück *Blue Bossa* verwendet werden kann. Um den Substitutionsakkord schnell zu finden, denke daran, dass er immer ein b5-Intervall vom ursprünglichen Akkord entfernt ist. Im folgenden Beispiel verwenden wir also einen Abmaj7b5-Akkord anstelle des ursprünglichen Dm7b5 (ein b5-Intervall entfernt).

Hier sind ein paar interessante Ideen am Werk. In Takt drei erkennst du diesen Akkord vielleicht als eine bekannte Abmaj7-Form. Er hat die gleichen Noten wie ein Fm9 ohne dessen F-Grundton. Wir müssen nur eine Note dieses Voicings absenken, um den Abmaj7b5-Akkord zu erzeugen. Im Kontext fängt er den Dm7b5-Klang ein, ist aber eine viel interessantere harmonische Wahl.

Beispiel 2v

Die letzten vier Takte von „*Stella by Starlight*" weisen eine Reihe von Moll- ii V im Abstand von einem Ton auf. Die unten stehende Major-7b5-Form funktioniert in diesem Kontext wunderbar, gepaart mit verschiedenen V7alt-Voicings:

Stella by Starlight steht in der Tonart Bb-Dur, und der erste Akkord in der Endsequenz ist ein Em7b5. Erinnerst du dich an die b5-Regel? Wir ersetzen ihn durch Bbmaj7b5 und verschieben diese Form bei jedem folgenden Tonartwechsel um einen Ganztonschritt nach unten.

Beispiel 2w

Beherrschen des Major 7b5

Hier findest du eine Griffbrettkarte für Cmaj7b5. Folge den Anweisungen im vorherigen Kapitel, um mit der Karte zu arbeiten und zu sehen, ob du einige originelle Möglichkeiten für Akkord-Voicings entdecken kannst. Achte darauf, den Charakterton (Gb) einzubeziehen, aber alles andere ist frei wählbar. Denke daran, jedes Voicing im Zusammenhang mit einer Akkordfolge auszuprobieren.

Major 7#5

Schauen wir uns nun das Gegenstück der Major 7b5 an, den Major 7#5. Der Major 7#5 hat die Formel 1, 3, #5, 7. Cmaj7#5 enthält die Noten C, E, G#, B.

Wir können diesen Akkord auf zwei Arten betrachten:

Erstens, als „chromatischen" Akkord. Mit anderen Worten, als ein Cmaj7, das eine G#-Note anstelle eines G hat.

Zweitens, als zur melodischen Molltonleiter gehörend. Cmaj7#5 ist der Akkord III in der harmonisierten melodischen Molltonleiter in A.

Diese beiden Perspektiven beeinflussen den Kontext, in dem wir diesen Akkord verwenden können. Er kann sowohl in *Dur* als auch in *Moll* verwendet werden, wie wir später sehen werden. Zunächst wollen wir jedoch einige verschiedene Möglichkeiten kennenlernen, den Akkord zu intonieren und hören, wie er im Kontext einer Dur-ii-V-I-Progression klingt.

In diesem ersten Beispiel ist es am einfachsten, den Cmaj7#5 mit dem Zeigefinger als Barré im dritten Bund zu spielen. Beachte, dass dieses Voicing dem ansonsten süßlich klingenden Major-7 eine spannungsreichere Note verleiht.

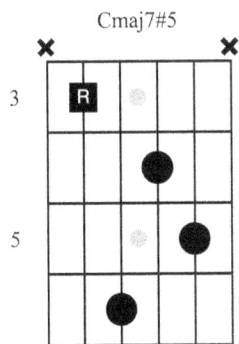

Cmaj7#5

Beispiel 2x

In diesem Voicing von Cmaj7#5 ist die #5 die tiefste Note, auf der der Grundton, die 3. und die 7. gestapelt sind. Diese stimmführende ii V I VI7-Idee hat chromatisch aufsteigende Noten auf der hohen E-Saite.

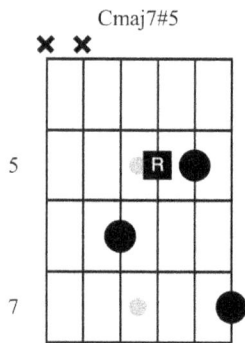

Beispiel 2y

In diesem Beispiel wird ein dichtes Voicing von Cmaj7#5 mit einem heller klingenden, Cmaj9-Akkord ohne Grundton als Kontrast gepaart.

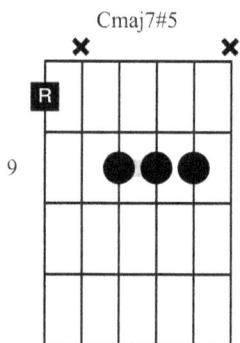

Beispiel 2z

Der C-Grundton des vorherigen Voicings wurde auf die hohe E-Saite übertragen, um ein neues Voicing von Cmaj7#5 in Beispiel 2z1 zu erzeugen. Dies ist eine weitere Stimmführungsidee, die auf eine Melodie folgt, die auf der hohen E-Saite gespielt wird.

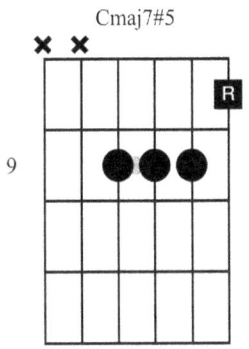

Cmaj7#5

Beispiel 2z1

Hier ist ein letztes Beispiel, das auf die gleiche Weise entstanden ist. Ich denke oft an eine einfache Melodie und suche dann nach Akkord-Voicings, bei denen die Melodie die jeweils höchste Note ist. Wir werden diese Methode im letzten Kapitel üben. Es ist eine gute Möglichkeit, um deine Harmonisierungsfähigkeiten zu trainieren und es kann eine Herausforderung sein, geeignete Voicings zu finden, die die Melodienote enthalten, aber dennoch den Klang der zugrunde liegenden Harmonie beibehalten. Wir werden diese Idee am Ende des Buches weiter vertiefen.

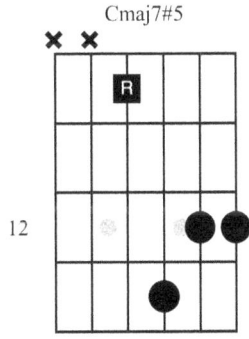

Cmaj7#5

Beispiel 2z2

Anwendung des Major 7#5-Akkords in Jazz-Standards

Schauen wir uns nun einige Beispiele anhand von Jazz-Standards an, die zeigen, wie man die Major 7#5 effektiv einsetzen kann, um eine weitere Farbe in die Musik zu bringen.

Die Major 7#5 kann eine nette Substitution für einen normalen Major 7 sein, wie hier in den Changes zu *Take the A Train* gezeigt, wo sie dem Geschehen ein wenig Würze verleiht.

Beispiel 2z3

Eine meiner Lieblingsballaden ist *Tenderly*. Im folgenden Beispiel liegt nach dem Auftakt in einem einfachen, aber effektiven Voicing von Ebmaj7#5 die Melodienote oben. Der nachfolgende Ab9#11-Akkord wird so gegriffen, dass er so nah wie möglich am vorhergehenden Akkord bleibt. Es kann etwas knifflig sein, diesen Akkord zu greifen, deshalb kannst du ihn entweder mit dem Zeigefinger spielen, der alle Bünde abdeckt, oder den Ab-Grundton weglassen (so dass die 3, b7, 9 und #11 übrig bleiben, von tief bis hoch). In Takt sieben hält ein anderes Voicing von Ebmaj7#5 die bittersüße Stimmung aufrecht und enthält auch die Melodienote.

Beispiel 2z4

In diesem Beispiel werden zwei Major 7#5 in die ersten Takte von *Here's That Rainy Day* eingearbeitet.

Beispiel 2z5

Hier ist eine Möglichkeit, die ersten acht Takte des Miles Davis-Titels *Solar* zu spielen. Der erste Akkord ist ein Voicing von Cm(Maj7) mit einer hinzugefügten 9. oben, aber ohne Grundton. In Takt vier liefert die Form Bbmaj7 den Klang des ursprünglichen G-Moll-Akkords (er hat die gleichen Noten wie Gm9). Das Absenken einer Note dieses Voicings erzeugt den folgenden C13-Akkord. In den Takten 5-6 ersetzt ein Fmaj7#5 den Fmaj7. In Takt 8 wird der ursprüngliche Bb7-Akkord durch einen E7#9-Akkord mit einer 5. ersetzt.

Beispiel 2z6

Major 7#5 als Substitution für den I-Akkord in einer Moll ii V I

Hier ist eine leicht zu merkende Substitutionsidee. Mit Vorsicht (benutze immer dein Ohr) kannst du einen Moll-Akkord durch seinen relativen Major 7#5 ersetzen.

In Takt drei des folgenden Beispiels wäre der ursprüngliche Akkord Am(Maj7) gewesen, aber dieser wurde durch Cmaj7#5 ersetzt (A-Moll / C-Dur sind relative Tonarten).

Wie die meisten Substitutionskonzepte funktioniert es, weil die beiden Akkorde genug gemeinsame Noten haben, um den gewünschten Klang zu erzeugen. Die Noten dieses Voicings von Cmaj7#5 heben die b3, 5, 7 und 9 von Am(Maj7) hervor. Die durch diesen Akkord erzeugte Spannung wird in Takt vier mit einem Am9 aufgelöst.

Beispiel 2z7

Wir können diese Idee auch auf das Stück *Solar* anwenden. In den Takten 1-2 können wir anstelle des Cm(Maj7)-Akkords Ebmaj7#5-Voicings (relatives Dur) verwenden, um mehr Griffbrettoptionen zu eröffnen. Hier ist ein Arrangement der ersten sechs Takte.

Beispiel 2z8

Diese Substitutionsidee kann im Kontext eines stimmungsvollen Moll-ii-Vi- Bossa sehr effektiv sein, wie z. B. *Beautiful Love*, ein Stück, das oft im Repertoire von Bill Evans vorkam. Der Fmaj7#5 in Takt drei ist ein Ersatz für Dm7 und funktioniert gut mit der Melodie, während die Substitution in Takt vier einen Dm(Maj7)-Klang erzeugt.

Beispiel 2z9

Der 7#5-Dur-Akkord funktioniert gut, wenn er als I-Akkord vor einem IV-Akkord fungiert, wie in diesem Beispiel (Cmaj7#5 geht in Fmaj9 über). Da wir wissen, dass jede erzeugte Spannung sofort aufgelöst wird, brauchen wir uns nicht zu scheuen, abenteuerliche Voicings zu verwenden. Hier ist die offene hohe E-Saite ein Merkmal jedes Voicings.

Beispiel 2z10

Major 7#5 als Substitution für einen Moll-Akkord in modalen Progressionen

Major 7#5-Voicings können in modalen Jazz-Stücken in Moll als Ersatz für den Moll-i-Akkord verwendet werden. Wir können über diese Substitution auf zwei Arten nachdenken. Erstens können wir sie als die relative Dur/Moll-Substitution sehen, die wir bereits besprochen haben (wo Cmaj7#5 z. B. Am9 ersetzt).

Lass uns diese Idee verwenden, um Interesse in den ersten Takten von *Summertime* zu erzeugen, die normalerweise als durchgängiger a-Moll-Vamp gespielt werden würden.

Beispiel 2z11

| Am9 | Cmaj7#5 | Am7 | Cmaj7#5 | Am9 |

Hier ist ein alternativer Ansatz für diese Sequenz.

Beispiel 2z12

| Am7 | Cmaj7#5 | Cmaj7#5 | Am | Cmaj7#5 | Am9 | Am9 |

Die zweite Möglichkeit, diese Substitution zu verstehen, besteht darin, jeden statischen Moll-Akkord in Bezug auf eine übergeordnete Moll-Tonleiter zu betrachten und dann andere Akkorde aus dieser Tonleiter als Substitutionen zu verwenden.

Wenn wir zum Beispiel über einen Dm7-Vamp auf einem Stück wie Miles Davis' *So What* oder John Coltranes *Impressions* spielen, können wir *jede* harmonisierte D-Moll-Skala als Quelle für potenzielle Ersatzakkord-Voicings verwenden.

Nehmen wir zum Beispiel die melodische Molltonleiter in D als Ausgangsskala. Akkord III der harmonisierten Melodischen Molltonleiter in D ist Fmaj7#5. Das bedeutet, dass wir Fmaj7#5-Voicings verwenden können, um Dm7 zu ersetzen. Diese Idee funktioniert besonders gut für modale Stücke, bei denen es mehrere Takte eines einzigen Akkords gibt.

Hier sehen wir, wie diese Idee im Kontext von Coltranes *Impressions* verwendet werden kann.

Beispiel 2z13

Wenn wir ein Stück wie *So What* begleiten, wechseln die harmonischen Instrumente während der d-Moll-Takte oft zwischen d-Moll und e-Moll, um eine Art Riff zu erzeugen. Der Fmaj7#5 bietet mehr Spielraum für interessante Comping-Ideen und fügt seine einzigartige, dunkle Note hinzu.

Beispiel 2z14

Beherrschen des Major 7#5

Zum Abschluss dieses Kapitels findest du hier eine Griffbrettkarte für die Arbeit mit dem Major-7#5-Akkord. Versuche, einige der Voicings, mit denen wir gearbeitet haben, zu finden. Denke daran, dass du alle sich wiederholenden Muster aus der Karte heraussuchen und diese für Comping-Ideen verwenden kannst.

Kapitel 3 - Major 11 und 13

Die Major-Akkorde 6, 7 und 9 sind im Jazz allgegenwärtig und kommen in zahlreichen Standards vor, doch andere Erweiterungen des Major-Akkords sind selten. Noch seltener sind Major-Akkorde mit oberen Intervallalterationen. Das heißt aber nicht, dass Major-Akkorde mit Erweiterungen/Alterationen nicht gut klingen oder nicht nützlich sind. Wie du in diesem Kapitel entdecken wirst, kann der Zugriff auf diese oberen Intervalle zu einigen üppig klingenden Progressionen führen, die uns mehr harmonische Optionen an die Hand geben.

Ein unmittelbares „Problem" bei Akkorden wie z. B. einem Major 13 ist, dass ihr voller Ausdruck zu viele Noten enthalten würde, um sie auf der Gitarre zu spielen. Daher besteht das Hauptziel dieses Kapitels darin, schön klingende Akkord-Voicings zu suchen, die die Hauptcharaktertöne enthalten und interessante Farben im Kontext bekannter Jazz-Progressionen erzeugen.

Zuerst werden wir die Major 11- und 13-Voicings erkunden, bevor wir zu Major 9#11 und Major 13#11 übergehen.

Major 11

Der Major 11 ist ein sechstöniger Akkord und kann als ein Major 9-Akkord mit einer zusätzlichen 11 angesehen werden. Er hat die Formel 1, 3, 5, 7, 9, 11. Cmaj11 hat die Noten C, E, G, B, D und F.

Hinweis: Beim Lesen von Leadsheets sollte Cmaj11 nicht mit C11 verwechselt werden. Letzterer gehört zur Familie der Dominantakkorde und hat eine b7 (Bb).

Hören wir uns an, wie der Major 11 im Kontext einer Progression klingt.

In diesem ersten Beispiel wird derselbe Griff für Cmaj11 verwendet, doch eine Note bewegt sich über eine Saite, um zwei leicht unterschiedliche Voicings zu erzeugen. In Takt 3 hat der Akkord die 3. (G) im Bass, so dass er als Teil einer chromatisch absteigenden Basslinie auf der tiefen E-Saite funktioniert. In Takt 4 wird die Bassnote auf die A-Saite verschoben und der Grundton wird verdoppelt.

Beispiel 3a

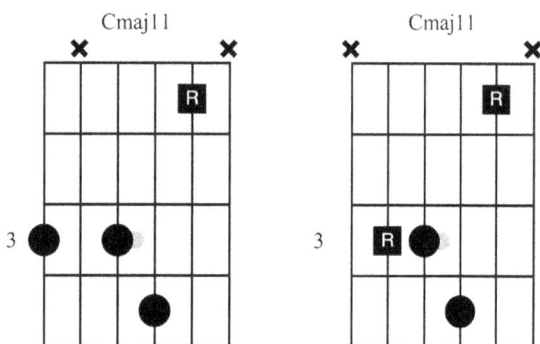

Von tief nach hoch ist dieses Voicing von Cmaj11 als 5., Grundton, 11., 7. aufgebaut.

Beispiel 3b

Das nächste Beispiel enthält einige interessante Voicings, an die du vielleicht noch nicht gedacht hast. Der Dm9-Akkord wird mit der offenen D-Saite als Grundton gegriffen, um das zu erleichtern, was als nächstes kommt. In Takt zwei habe ich einfach meine Ohren benutzt, um diesen ungewöhnlichen Akkord zu erzeugen und mochte den Klang davon. Ich wollte den allgemeinen Klang des erwarteten G7-Akkords erzeugen, aber eine Wendung hinzufügen, also habe ich versucht, zwei Noten der Dm9-Stimmung abzusenken. Das Ergebnis kann man sich als einen G7b9b13 ohne Grundton vorstellen. In den Takten 3-4 wird dieses Arrangement von Cmaj11 gegriffen (von tief nach hoch): Grundton, 7, 11, 5, Grundton.

Beispiel 3c

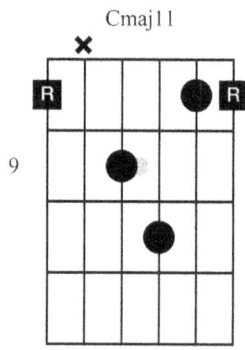

In diesem Beispiel wird der Cmaj11 gebildet, indem der Grundton und die 11. verdoppelt werden und dann die 5. (G) oben hinzugefügt wird. Das Ergebnis hat das Gefühl eines schwebenden Akkords. Dieser schwebende Klang wird durch das zweite Voicing von Cmaj11 aufgelöst.

Beispiel 3d

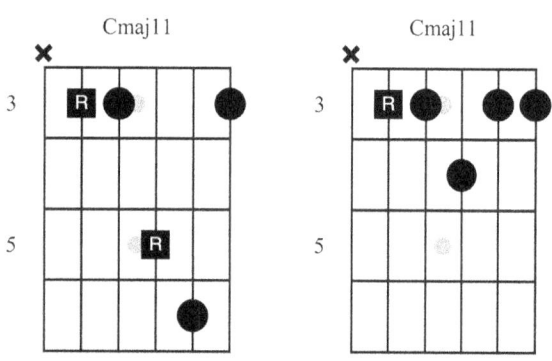

Beispiel 3e hat eine weitere chromatische Bassline-Idee, dieses Mal aufsteigend auf der A-Saite. In Takt zwei könnte dieser Akkord als Ebmaj7#5 betrachtet werden, aber wenn ein Bassist die erwartete G-Note gegriffen **hält, ist der resultierende Klang G(b6). Der Cmaj11-Akkord wird mit der 3**. (E) im Bass gegriffen, dann (tief bis hoch) 5, Grundton, 11, 7.

Beispiel 3e

Bei diesem Voicing von Cmaj11 wird die hohe offene E-Saite verwendet, um einen ätherisch klingenden Akkord zu erzeugen. Dieses Mal sind die Noten so gestapelt (von tief nach hoch): 9. (D), Grundton (C), 11. (F), 7. (B) und 3. (E). Er klingt sowohl arpeggiert als auch angeschlagen großartig. Die offene E-Saite wird auch zum G9-Akkord in Takt zwei hinzugefügt (für diesen Akkord wird die 13. hinzugefügt).

Beispiel 3f

Die offene hohe E-Saite kommt in der nächsten Progression wieder vor. Zusätzlich zum üblichen Dm9-Voicing in Takt eins wird die 11 hinzugefügt. In Takt zwei wird dem G9-Akkord die 13 hinzugefügt, wie im letzten Beispiel. Beim Fmaj9 handelt es sich einfach um eine Verdopplung des 7. Intervalls, aber die offene Saite erzeugt das Gefühl der Kontinuität mit den vorherigen Voicings. Der Cmaj11 wird wieder mit der 9. im Bass und dem Grundton oben gegriffen, was dem Klang ein Gefühl der Zweideutigkeit verleiht.

Beispiel 3g

Das nächste Beispiel verwendet eines meiner Lieblings-Voicings des Major-11. Es ist auf der 5. (G), dem Grundton (C), der 11. (F), dem Grundton (C) und der 3. (E) aufgebaut und hat eine klingelnde Qualität.

Beispiel 3h

Beherrschen des Major 11

Hier siehst du eine Griffbrettkarte für die Arbeit mit dem Major-11-Akkord. Versuche, einige der Voicings zu finden, mit denen wir gearbeitet haben. Denke daran, dass du auch alle sich wiederholenden Muster in der Karte heraussuchen und diese für Comping-Ideen verwenden kannst.

Als Nächstes werden wir uns dem Major-13-Akkord zuwenden und einige ii V I-Beispiele untersuchen. Am Ende dieses Kapitels werden wir uns ein paar Anwendungen für diese beiden Akkorde in Jazz-Standards ansehen.

Major 13

Wenn wir dem Major 11-Akkord eine A-Note hinzufügen, erzeugen wir den Major 13-Akkord. Er hat die Formel 1, 3, 5, 7, 9, 11, 13. Cmaj13 hat die Noten C, E, G, B, D, F und A.

Es ist unmöglich, alle diese Töne in sinnvolle Voicings auf der Gitarre zu bringen, also müssen wir selektiv vorgehen. Wir wollen den wichtigen 13.-Farbton (die A-Note) einbeziehen, aber abgesehen davon können wir jede andere Note zu verwenden - sogar den C-Grundton - solange:

1. Das resultierende Akkord-Voicing gut klingt

2. Es gut im Kontext einer Akkordfolge funktioniert

Schauen wir uns eine Auswahl von Voicings an und hören, wie sie klingen, wenn sie in einen Dur ii V I-Kontext gesetzt werden.

Hier ist zunächst ein voll klingender Cmaj13, konstruiert mit (tief bis hoch): Grundton, 3., 13., 9., 5. und 7.

Beispiel 3i

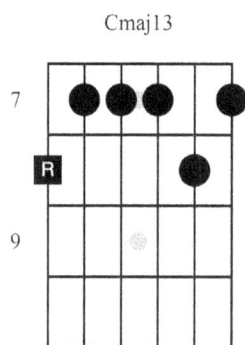

Dieses Voicing verwendet nur drei Noten plus die offene B-Saite, um den Cmaj13-Klang einzufangen: Grundton, 5., 13. und 7. Du hast die Möglichkeit, alle offenen Saiten anzuschlagen, wie in Takt vier demonstriert. In diesem Fall würde das Voicing von der 3. auf der tiefen und hohen E-Saite umschlossen. Beachte in diesem Beispiel auch, dass die Akkorde Dm9 und Db7#9 mit der 5. im Bass intoniert werden.

Beispiel 3j

Das nächste Beispiel verwendet eine abgespeckte vierstimmige Intonation von Cmaj13, bei der die 13. unten und der Grundton, die 5. und die 7. übereinander liegen. Dieser Akkord könnte auch als Am9 betrachtet werden, aber der Kontext des ii V I bestimmt seine Funktion als C-Major-Klang.

Beispiel 3k

Hier ist eine Möglichkeit, den Major-13-Klang in eine ii V I-Sequenz mit zwei komplementären Voicings des Akkords einzubinden.

Beispiel 3l

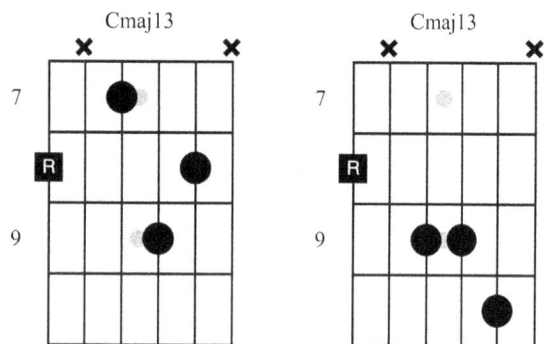

Hier ist ein letztes Beispiel, das drei verschiedene Cmaj13-Voicing-Optionen zusammenbringt (die erste haben wir bereits verwendet), um eine farbenreichere Art zu schaffen, um das allgegenwärtige ii V I zu spielen. Der Major 13 gibt dem Sound einen echten Schub.

Das zweite Voicing in Takt drei könnte auf verschiedene Weise interpretiert werden, aber im Kontext dieser Progression kann es als ein grundtonloser Cmaj13 mit 7. (B), 3. (E), 13. (A), 9. (D) betrachtet werden.

In Takt vier könnte dieses Voicing auch als Am9 gesehen werden, aber wir verwenden es als Cmaj13, angeordnet als 13., Grundton, 5., 7., 3.

Beispiel 3m

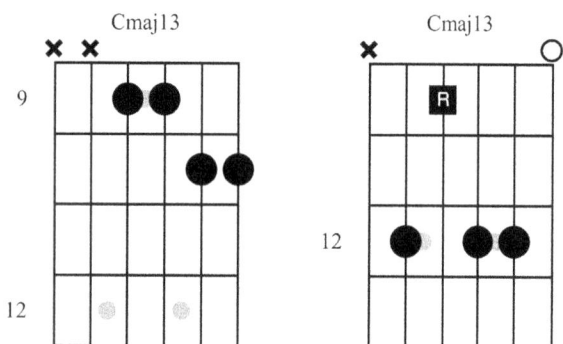

Beherrschen des Major 13

Zum Abschluss dieses Abschnitts findest du hier eine Griffbrettkarte für den Major-13-Akkord. Natürlich ist sie ähnlich wie die Major 11-Karte, aber die Hinzufügung der A-Note eröffnet viele verschiedene Möglichkeiten.

Anwendung von Major 11- und 13-Akkorden in Jazz-Standards

Schauen wir uns nun ein paar Beispiele an, wo wir den Major 11- und Major 13-Sound in einigen Jazz-Standards verwenden können.

Dieses erste Beispiel funktioniert über die Anfangstakte von *„All the Way"*, dem klassischen Jimmy Van Heusen-Musikstück, das durch Frank Sinatra berühmt wurde. Der Auftakt enthält eine Intonation von Cmaj13, die sich zur Melodienote des Stücks auflösen will, also als eine Art Aufhänger fungiert. Im ersten Takt wird die ungewohnte grundtonlose Cmaj13-Form mit der 7., 3., 13., 9., 5. gegriffen.

Beispiel 3n

53

Das nächste Beispiel wird über die mittleren acht Takte der Melodie *My Funny Valentine* gespielt und verwendet sowohl Major 11- als auch Major 13-Akkorde. In Takt drei wird der Ebmaj11-Akkord gegriffen als Grundton, 11., 7., 3., 7., was eine recht elegante Lösung für diesen Akkord ist.

Der Ebmaj13-Akkord am Anfang von Takt fünf ist ebenfalls eine nähere Betrachtung wert. Er verwendet die offene G-Saite, um sich mit dem gegriffen G auf der B-Saite, achter Bund, zu verdoppeln, was einen klirrenden Effekt erzeugt. Von tief nach hoch ist es mit 11., 13., 3., 3. wiederholt und Grundton gegriffen. So spielst du es:

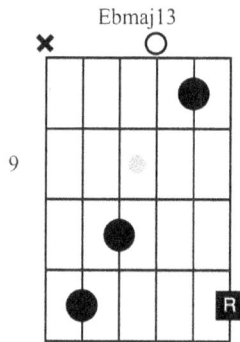

Beispiel 3o

Hier ist eine Möglichkeit, den Anfangstakten von *„The Nearness of You"* mit Major-13-Voicings etwas Fülle zu verleihen.

Beispiel 3p

Dieses Beispiel enthält die ersten vier Takte von Bill Evans wunderschönem Stück *Turn Out the Stars*. Takt vier hat eines meiner Lieblingsvoicings für Cmaj13, das alle erweiterten Noten verwendet. Von tief nach hoch ist es als Grundton, 11., 13., 9. und 3. angeordnet.

Beispiel 3q

Beispiel 3r zeigt, wie du die Major-Akkorde 11 und 13 in den ersten Takten von „*Polkadots and Moonbeams*" von Jimmy Van Heusen verwenden kannst. Hier gibt es einige Punkte zu beachten. Der eröffnende Fmaj11 ist als 3., Grundton, 11., 5., 7. angeordnet. In Takt zwei hat die Abmaj7-Form die gleichen Noten wie Gm9. Wir senken zwei Noten in der Mitte dieses Voicings ab, um einen C13b9-Akkord zu erzeugen, der das C7 der ursprünglichen Progression aufpeppt. Das abgespeckte Fmaj13-Voicing in Takt drei verwendet die 7., 11., 5. und den Grundton. Für sich genommen mag dieser Akkord ungewöhnlich klingen, aber er ist sorgfältig so arrangiert, dass er, wenn du die Melodienote darüber spielst, während der Bassist ein tiefes F hält, einen harmonischen Fmaj7sus-Sound erzeugt.

Beispiel 3r

Hier ist eine alternative Möglichkeit, die Changes von *„The Nearness of You"* aus Beispiel 3p zu spielen. Diesmal haben wir einige vierstimmige Voicings des Major-13 und ich war sehr genau bei der Auswahl der erweiterten Noten, um nahe an der Harmonie zu bleiben. Der Fmaj13 in Takt eins ist mit 11., 13., Grundton und 5. gespielt. Der Bbmaj13 in Takt drei wird mit der 3., 13., dem Grundton und der 5. gegriffen.

Beispiel 3s

Alterierte 9er und 13er

Wie zu Beginn dieses Kapitels erwähnt, ist es möglich, erweiterte *und* alterierte Noten in Major-Akkorden zu verwenden, um interessantere Voicings zu erzeugen. Natürlich klingen nicht alle von ihnen gut oder sind nützlich, aber hier werden wir kurz zwei erweiterte/alterierte Major-Akkorde untersuchen, die gut klingen und in Jazz-Progressionen gut funktionieren.

Major 9#11

Der Major 9#11 ist ein sechstöniger Akkord mit der Formel 1 3 5 7 9 #11. Er ist im Wesentlichen ein Standard-Cmaj9-Akkord (C, E, G, B, D) mit einer zusätzlichen #11. (F#). Die Einbeziehung der 9. (D) unterscheidet diesen Akkord von einem Cmaj7#11.

Hören wir uns an, wie er im Zusammenhang mit der Major ii V I klingt.

In Beispiel 3t hat das Voicing Cmaj9#11 einen wunderbar offenen Klang. Von tief nach hoch ist die Intonation Grundton, 9., 7., 3. und #11. Das Spielen der 9 mit der offenen D-Saite verleiht diesem Akkord einen harfenähnlichen Klang.

Bemerkenswert ist hier auch die Substitution in Takt 2. Die Substitution durch eine verminderte 5. ist im Jazz sehr verbreitet, und hier sehen wir einen Db-Akkord, der den ursprünglichen G7 ersetzt. Normalerweise wäre dies ein Db7, aber hier ist es ein Dbmaj7 mit einer zusätzlichen #11. Manchmal verwenden Jazzmusiker einen Substitutionsakkord einer *anderen* Qualität, der auf gemeinsamen Noten basiert. Eine andere Art, über diese Substitution nachzudenken, ist, dass wir den G7 komplett weglassen und eine neue Spannung erzeugen, indem wir uns dem I-Akkord von einem Halbtonschritt darüber mit einem Akkord der *gleichen Qualität* nähern.

Beispiel 3t

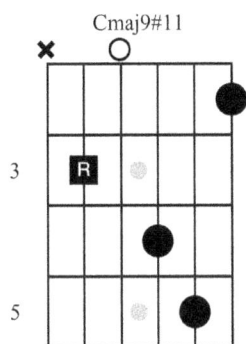

Dm11   **D♭maj7#11**   **Cmaj9#11**   **Cmaj9#11**

In Beispiel 3u ist der Major 9#11-Akkord so gestapelt: Grundton, 3., 9., #11, 7.

Beispiel 3u

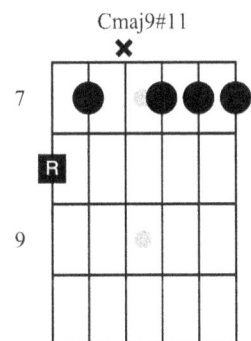

Schauen wir uns an, wie der Major 9#11 in der Praxis funktioniert, indem wir ihn auf das Stück *Stella by Starlight* anwenden. Die Eröffnungstakte haben eine Reihe von ii Vs, die schließlich zu Ebmaj7 führen. Wir werden uns ein paar Möglichkeiten ansehen, diesen Akkord durch einen Ebmaj9#11 zu ersetzen. Hier ist eine Möglichkeit, die ersten acht Takte zu spielen.

In Beispiel 3v hat der Ebmaj9#11 die Noten Eb, G, Bb, D, F, A, und hier verwendet das Voicing den Eb-Grundton mit der #11 (A), 7. (D) und 9. (F) darüber gestapelt.

Beispiel 3v

Hier sind zwei alternative Möglichkeiten, die Takte 5-8 zu spielen. In Beispiel 3w ist das Ebmaj9#11 Voicing: Grundton, #11, 7., 3., 5.

Beispiel 3w

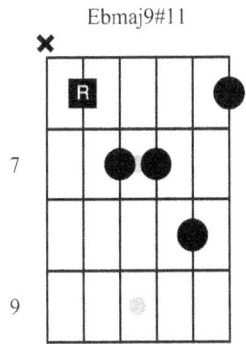

In diesem Beispiel wird ein abgespecktes Voicing verwendet, das nur die #11, die 7., die 3. und die eine Oktave höher wiederholte 7. enthält. Obwohl der Eb-Grundton fehlt, funktioniert es in diesem Kontext wunderbar.

Beispiel 3x

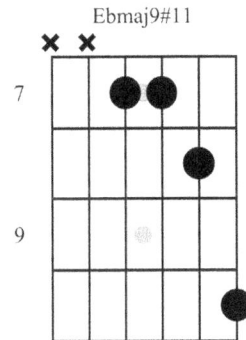

Hier ist eine weitere geschmackvolle Anwendung des Major 9#11, dieses Mal in einem Arrangement von *A Nightingale Sang in Berkley Square*. Auch andere Akkorde in diesem Beispiel wurden im Vergleich zum Original aufgepeppt, aber sie funktionieren immer noch mit der Melodie. In Takt vier ist der Ebmaj7#11 auf Schlag 2 ein Ersatz für Cm9, aber dieser wird chromatisch von oben durch den Emaj7#11-Akkord angegangen, der die Melodienote oben enthält. Probiere es aus!

Beispiel 3y

Major 13#11

Der Major-13#11-Akkord ist ein beeindruckender siebentöniger Akkord, aber natürlich können wir keine praktikablen Voicings davon auf der Gitarre spielen, also müssen wir selektiv vorgehen. Stattdessen wollen wir Voicing-Ideen entdecken, die die charakteristischen 13.- und #11.-Noten enthalten und im Kontext einer Progression gut klingen.

Die Formel für den Major 13#11 lautet 1 3 5 7 9 #11 13. Cmaj13#11 hat die Noten C, E, G, B, D, F# und A. Beachte das Vorhandensein der beiden Noten G und F#. Je weiter sie voneinander entfernt sind, desto weniger Dissonanz ist in dem Akkord zu hören.

Hier sind ein halbes Dutzend Beispiele, wo du den Major 13#11 Sound in einigen bekannten Jazz-Stücken verwenden kannst. Zuerst ist hier die Möglichkeit, das melancholische Stück „*All the Way*" mit einem stimmungsvoll klingenden Cmaj13#11 einzuführen. Alle Voicings in diesem Beispiel sind so arrangiert, dass sie die offene hohe E-Saite enthalten und alle anderen verfügbaren offenen Saiten verwenden. Das D9 in Takt 4 ist ein grundtonloses Voicing.

Beispiel 3z

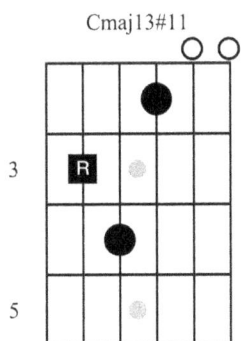

Hier ist eine Möglichkeit, diese Akkordfarbe in die Anfangstakte von *Alice in Wonderland* einzubauen. Diese Major 13#11-Form ist ein bisschen anstrengend, sollte aber mit ein bisschen Übung zu bewältigen sein.

Beispiel 3z1

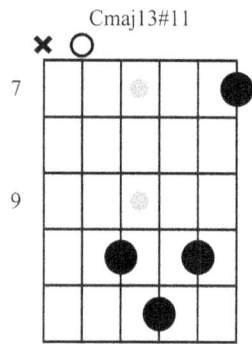

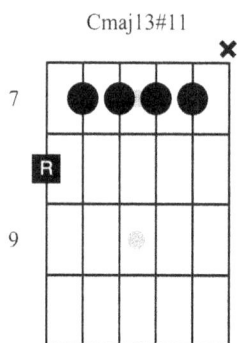

Beispiel 3z2 zeigt eine andere Variante der gleichen Changes. Der Cmaj13#11 (hier als Grundton, 3., 13., 9., #11 gespielt) hat einen besonders unaufgelösten Klang, aber diese Spannung wird durch das Fmaj9 in Takt vier aufgelöst.

Beispiel 3z2

Dm11 D♭7♭5 Cmaj13#11 Fmaj9

Schauen wir uns an, wie der Major 13#11 im Kontext von *Autumn Leaves* klingt.

Beispiel 3z3

Cmaj13#11

Am9 D7♭9 Gmaj7 Cmaj13#11

F#m7♭5 B7♭9 Em9 Em9

let ring -

Der Major 13#11 kann auch gut in einer melancholischen Ballade funktionieren. Hier wird er als Eröffnungsakkord des Stücks *Blame it on My Youth* verwendet. Ich hatte das Gefühl der besonders stimmungsvollen Version dieses Stücks im Kopf, die von Jamie Cullum gespielt wurde. Dieses Voicing des Akkords ist mit #11, 7., 3., 13. und 9. aufgebaut.

Beispiel 3z4

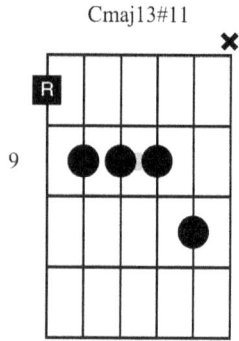

Cmaj13#11

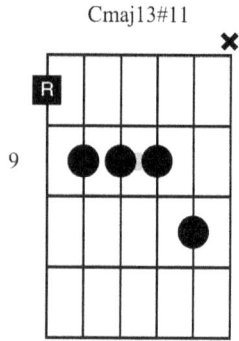

Schließlich können wir den ersten vier Takten von *Skylark* mit diesem Ebmaj13#11-Voicing, angeordnet als Grundton, #11, 7., 3., 13., einige subtile Nuancen hinzufügen.

Beispiel 3z5

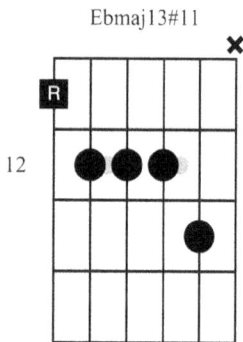

Ebmaj13#11

Beherrschen des Major 13#11

Das Diagramm unten enthält *beide* der erweiterten/alterierten Akkorde, die wir erforscht haben, da die Noten des Major 9#11 im Major 13#11 enthalten sind. Es gibt hier eine Menge Noten. Wenn du also mit dieser Karte experimentierst, konzentriere dich darauf, die Spannungsnoten einzubeziehen und suche nach allen einfachen Mustern, die gut unter die Finger fallen.

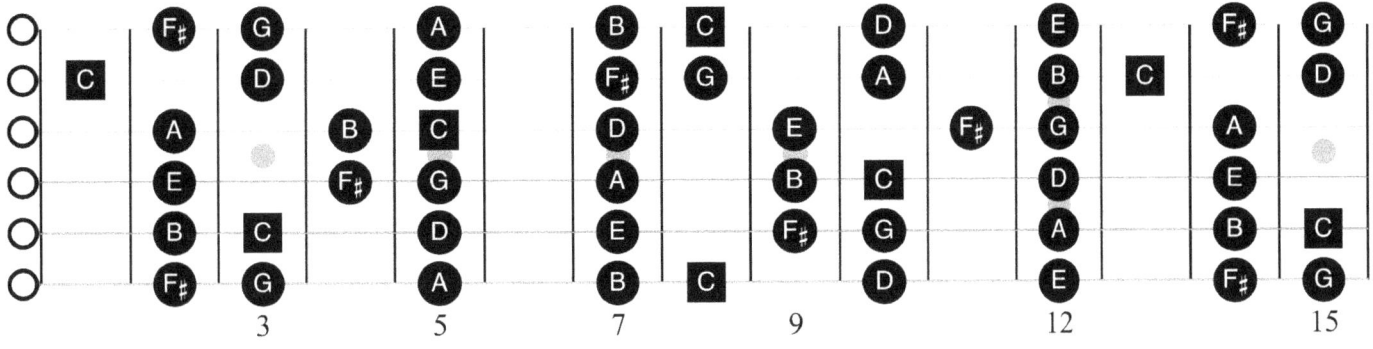

Kapitel Vier - Moll 6, 11 und 13

Jetzt schauen wir uns einige moderne Moll-Akkordvarianten an. Du bist wahrscheinlich bereits mit den Moll-6 und den Moll-11-Akkorden vertraut, die in Stücken wie *So What*, *Impressions*, *Footprints* und vielen anderen verwendet werden. In diesem Kapitel werden wir Moll-Akkorde mit anderen Erweiterungen/Alterationen erforschen, die deinem Akkordvokabular eine moderne Note verleihen und mehr Farbe in deine Arrangements bringen werden. Wir werden den Moll-6/9-Akkord, den chamäleonartigen Moll-b6-Akkord, den Moll-13-Akkord und den Moll-11b9-Akkord behandeln.

Wie zuvor werden wir diese Akkorde auf die ii V I-Sequenz anwenden und dann sehen, wie sie im Kontext einiger bekannter Jazz-Standards gespielt werden können.

Moll 6/9

Die Formel für den Moll-6/9-Akkord lautet 1 b3 5 6 9. Cm6/9 hat die Töne C, Eb, G, A, D und entstammt der harmonisierten melodischen Molltonleiter.

Die melodische Molltonleiter in C enthält die Noten C D Eb F G A B C, weshalb der Moll-6/9-Akkord eine große 6. (eine A-Note) und nicht eine b6 (Ab) hat.

Hören wir uns an, wie Moll 6/9 im Kontext einer Moll-ii-V-i-Progression klingt. Dieses grundtonlose Voicing ist aus 6., b3, 5. und 9. aufgebaut.

Beispiel 4a

Du wirst feststellen, dass das Moll 6/9 kein unaufgelöster Klang ist, sondern einer Sequenz eine nicht greifbare „zusätzliche Dimension" verleiht.

Beispiel 4b

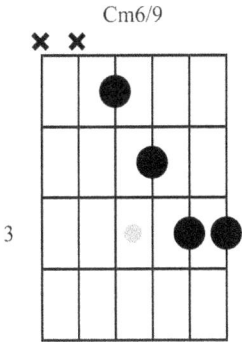

Cm6/9

Dm7♭5 **G7♭9♭13** **Cm⁶/₉**

Hier ist eine düster klingende Verwendung des Akkords. Das weniger gebräuchliche Voicing von Dm7b5 in Takt eins führt schön in den folgenden G9, und der Cm6/9 nutzt die offene G-Saite.

Beispiel 4c

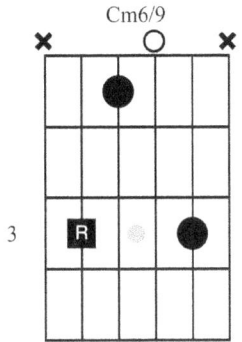

Cm6/9

Dm7♭5 **G9** **Cm⁶/₉**

Dieses Stimmführungsbeispiel hat eine aufsteigende Melodie auf der hohen E-Saite. Anstatt den erwarteten Dm7b5 in Takt eins zu spielen, haben wir einen mehrdeutig klingenden Dm11b5. Der Cm6/9 ist aus b3, 6., 9., 5. und Grundton aufgebaut.

Beispiel 4d

Dieses ungewöhnliche Dm7b5-Voicing hat eine leichte Dissonanz, und der Cm6/9-Akkord, der mit Grundton, b3, 6. und b3 gegriffen wird, hält diesen Vibe aufrecht

Beispiel 4e

Hier ist ein weiterer spacig klingender Dm7b5-Akkord. Diesmal ist der begleitende Cm6/9-Akkord mit der 9. (D) als tiefster Note konstruiert.

Beispiel 4f

Moll b6

Der Moll-b6-Akkord ist ein ungewöhnlicher Akkord, der einige wirklich schöne, einzigartige Harmonien erzeugen kann. Er stammt aus der Harmonischen Molltonleiter C (C, D, Eb, F, G, Ab, B) und hat die Formel 1 b3 5 b6. Cm6/9 enthält die Töne C, Eb, G und Ab.

Die gleichen Noten sind auch eine Umkehrung eines Abmaj7-Akkords, was später einige interessante Substitutionsmöglichkeiten eröffnet. Das bedeutet, dass diese Noten sowohl in Dur als auch in Moll verwendet werden können, was dazu beiträgt, die möglichen Akkord-Voicings, die uns zur Verfügung stehen, zu erweitern.

Die Moll-b6-Tonart hat eine ätherische Qualität im Klang. Probiere es in diesem ersten Beispiel aus.

Beispiel 4g

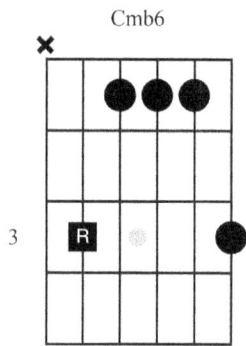

Im nächsten Beispiel wirst du zweifellos die für Cmb6 verwendete Form als ein gewöhnliches Abmaj7-Voicing erkennen. Wenn ein Bassist/Pianist einen C-Grundton spielt, klingt dies im Kontext großartig und verleiht der Progression ein gewisses Etwas.

Beispiel 4h

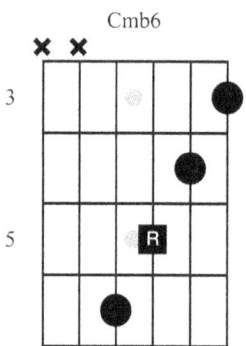

Hier ist eine dissonantere Wiedergabe von Cmb6, die nützlich ist, um Spannung zu erzeugen. Dieses Voicing ist aus Grundton, 5., Grundton, b3 und b6 aufgebaut.

Beispiel 4i

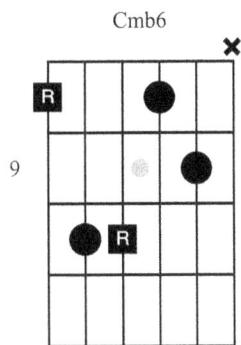

Hier ist eine weitere Möglichkeit, Cmb6 zu spielen, die als Abmaj7-Voicing erkennbar ist - aber auch hier diktiert der Kontext den Moll-Klang.

Beispiel 4j

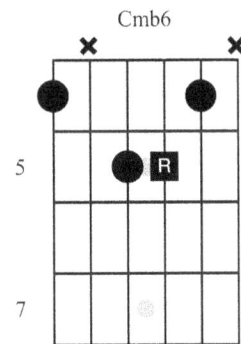

In Beispiel 4k wird der Cmb6-Akkord mit der b6 im Bass und der b3, 5. und dem Grundton darüber gestapelt gegriffen.

Beispiel 4k

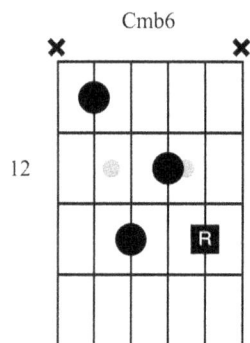

Dies ist eines meiner Lieblings-Voicings für Moll b6, die den spacigen Sound wirklich zur Geltung bringt. Es ist auf b3, b6, Grundton und 5. aufgebaut und funktioniert wirklich gut in Moll ii V i.

Beispiel 4l

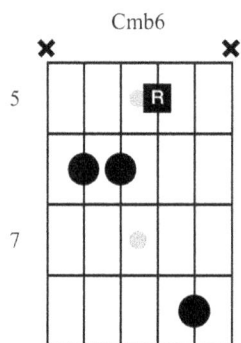

Beispiel 4m verwendet drei Voicings von Cmb6, um eine „Akkordphrase" zu erzeugen (ich werde diese Idee im letzten Kapitel näher erläutern). Hier sind Akkorddiagramme für die beiden hier verwendeten neuen Cmb6-Voicings.

Beispiel 4m

Moll 13

Der Moll 13 ist ein Akkord mit sieben Noten, aber wie wir schon beim Major 13 festgestellt haben, ist es nicht möglich, alle diese Noten in praktikable Voicings auf der Gitarre umzusetzen, also werden wir immer einige Intervalle auslassen.

Die Formel für den Moll-13-Akkord lautet 1 b3 5 b7 9 11 13. Cm13 hat die Noten C, Eb, G, Bb, D, F, A.

Für den Anfang ist hier ein Cm13 mit Grundton, 11., b7, b3 und 13.

Beispiel 4n

In diesem Beispiel ist Cm13 mit Cm11 in einer ii V I IV-Progression gepaart. Diese ungewöhnliche Intonation ist auf 5., b7, 9., 13. aufgebaut und könnte auch auf andere Weise interpretiert werden (z. B. als Gm9), aber der Kontext legt den Klang fest.

Beispiel 4o

Als Nächstes werden diese Akkorde so angeordnet, dass eine Frage- und Antwort-Phrase über acht Takte entsteht. Das Voicing von Cm13 in Takt eins hat die b3 im Bass und die 13., 9., 5. und den Grundton darüber gestapelt. In Takt fünf (dem Beginn der „Antwort"-Phrase) wird Cm13 mit 11., b7, b3 und 13. intoniert.

Beispiel 4p

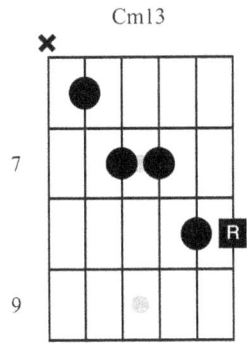

Im modalen Jazz ist es üblich, dass die Progressionen wechselnde tonale Zentren haben. Die folgende Sequenz beginnt als ii V I in Bb-Dur. In Takt vier könnte der notierte D7#9b13-Akkord auch als Gm(Maj7) mit einer zusätzlichen 11. betrachtet werden. Dies ergibt Sinn für den Akkord, der in Takt fünf folgt - es handelt sich um eine kleine Terzverschiebung nach oben (Gm zu Bbm) - eine häufige harmonische Idee im Bebop. In Takt sechs verschiebt sich das tonale Zentrum wieder um eine kleine Terz nach oben (Bbm zu C#m). Die hier verwendete Moll-13-Voicing ist mit 11., 13., 9., 5. und Grundton belegt.

Beispiel 4q

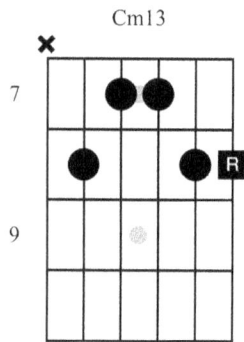

In diesem Beispiel wird das Voicing aus Beispiel 4p verwendet, wobei eine Note weggelassen wurde. Die Idee in diesem Beispiel ist, aufeinanderfolgende aufsteigende Voicings zu haben.

Beispiel 4r

Hier ist eine einfache, aber effektive Möglichkeit, den Cm13-Klang auf der Gitarre auszudrücken, mit b7, b3, 13. und 9.

Beispiel 4s

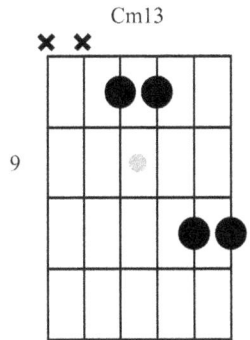

Cm13

Cm13   F9sus   B♭maj9

Diese Intonation von Cm13 (Grundton, 13., b3, 5.) funktioniert gut mit dem F7#11, der in der ii V I-Sequenz folgt.

Beispiel 4t

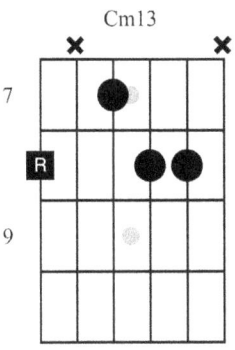

Cm13

Cm13   F7#11   B♭maj7   D7#9   Gm

In dieser erweiterten ii V I-Sequenz könnte Cm13 auf mehrere Arten interpretiert werden, da er nur den (wiederholten) Grundton, die 11. und die 13. enthält. Sein Zweck hier ist jedoch, mit den folgenden Voicings zu arbeiten, um einen schwebenden Klang zu erzeugen, der sich erst beim Bbmaj7 in Takt vier auflöst.

Beispiel 4u

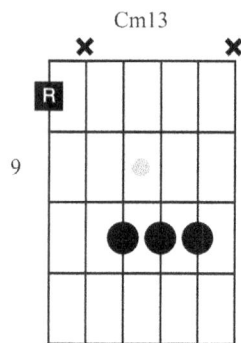

Moll 11b9

Schließlich kommen wir zum Moll-11b9-Akkord. In Ermangelung einer besseren Beschreibung ist dies ein „andersweltlich" klingender Akkord mit einer weitläufigen, ätherischen Qualität. Geschmackvoll in einem Arrangement eingesetzt, kann er gediegen und anspruchsvoll klingen.

Man kann ihn sich einfach als einen Moll-11-Akkord mit einer verminderten None vorstellen. Die Formel für den Moll-11b9-Akkord lautet 1 b3 5 b7 b9 11. Cm11b9 hat die Noten C, Eb, G, Bb, Db, F.

Versuche, dieses Voicing von Cm11b9 sowohl arpeggiert als auch angeschlagen zu spielen, und du wirst seine spacigen Qualitäten sofort zu schätzen wissen.

Beispiel 4v

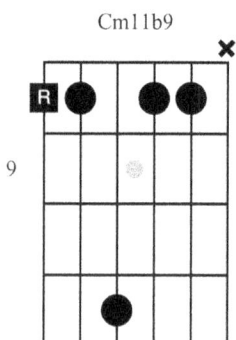

Cm11♭9   **F(♭6)**   **B♭maj7**

Dieses Voicing von Cm11b9 hat eine schwebende Klangqualität und wird mit Grundton, 11., b9, 11. wiederholt und b7 intoniert.

Beispiel 4w

Cm11b9

Cm11♭9   **Faug(add 9)**   **B♭maj9**

Hier ist ein sehr gefühlvolles Voicing für Cm11b9, das eine melancholische Stimmung einfängt. Probiere es bei einer Moll-Ballade oder mit dem Stück *Yesterdays* aus.

Beispiel 4x

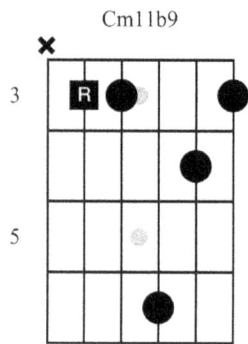

In diesem Beispiel folgen die Akkord-Voicings einer einfachen chromatischen Bewegung auf der hohen E-Saite. Es ist oft sehr effektiv, Voicings zu spielen, die nahe beieinander liegen, so dass eine ganze Progression mit minimaler Bewegung gespielt werden kann.

Beispiel 4y

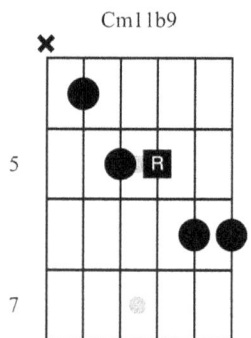

Hier ist ein weiteres Beispiel für Stimmführung. Die Idee hier ist, eine Top-Line-Melodie zu spielen, die sich in 4er-Intervallen bewegt, und dann geeignete Voicings für die Melodietöne zu finden.

Der schwierigste Aspekt dieses Beispiels ist die Dehnung, die erforderlich ist, um den F#dim(b9)-Akkord in Takt 2 zu spielen. Am besten greifst du mit dem Ringfinger die Note auf der B-Saite, mit dem Zeigefinger die G-Saite und mit dem zweiten Finger die D-Saite. Sobald diese Finger an ihrem Platz sind, streckst du den kleinen Finger, um die Note auf der A-Saite zu greifen. Wölbe den kleinen Finger ein wenig, damit er die D-Saite darunter nicht dämpft.

Beispiel 4z

Im nächsten Beispiel haben wir eine dunkel klingende Version von Cm11b9 mit Grundton, 11., b7, b9. Es ist der ideale Begleiter für den folgenden F7#5.

Beispiel 4z1

Cm11♭9   F7♯5   B♭maj9   G7♭9♭13

Ich verwende oft dieses Voicing von Cm11b9 (5., b9, 11., Grundton). In diesem Beispiel wird es mit einem exotischeren Dominant-F-Sound gepaart, der zwei Noten gemeinsam hat.

Beispiel 4z2

Cm11b9

Cm11♭9   F(♭6♭9)   B♭maj7♯11   B♭maj7   D7♯9   G7♯9

Schließlich spiele ich oft diese Version von Cm11b9, die ich wegen ihrer Einfachheit und Effektivität mag. Sie hat die b9 im Bass, die b3, die 5. und den Grundton oben und hat eine helle Qualität im Klang.

Beispiel 4z3

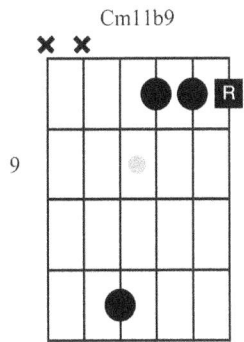

Cm11b9

| Cm11♭9 | F9 | B♭maj7#11 | B♭maj9 | G9sus | G9 |

Anwendung von Moll 6/9, b6 & 11b9-Akkorden in Jazz-Standards

Nun wollen wir uns die Verwendung dieser Akkorde in Jazz-Standards ansehen, um ihren Klang in einem musikalischeren Kontext zu demonstrieren.

Die ersten drei Beispiele zeigen, wie du interessantere Moll-Akkord-Voicings in einem Moll ii V i verwenden kannst. Basierend auf den ersten Takten des Klassikers „*Alone Together*" verwenden die Takte 1-2 gewöhnliche Voicings, während in Takt drei das farbenreichere Dm13 hinzugefügt wird. Diese Intonation hat ein F im Bass, das einen Halbtonschritt nach unten zum Grundton des Em7b5-Akkords auflöst.

Beispiel 4z4

| Dm11 | Em7♭5 | A7#5 | Dm13 | Em7♭5 | A7#9♭13 |

Hier ist eine andere Variante, die mit einem Dmb6-Akkord beginnt. Dmb6 hat dieselben Noten wie Bbmaj7 - eine Idee, mit der du deine Akkord-Voicing-Optionen beim Komponieren verdoppeln kannst.

Beispiel 4z5

In dieser Version bewirken die Moll-b6-Voicings einen echten Unterschied im Spielgefühl, da sie die Moll-Tonalität abmildern und den Klang etwas mehrdeutiger machen. Über einer Walking-Bassline gespielt, verleihen sie der Progression wirklich Farbe.

Beispiel 4z6

Das nächste Beispiel verwendet die Changes zu *My Funny Valentine*. Hier ist eine Möglichkeit, den Anfang mit einem Cm6/9-Akkord und einer alternativen Intonation von Dm7b5 zu spielen. Kombiniert verleihen sie dem Stück einen dunkleren, melancholischeren Klang.

Beispiel 4z7

Wenn du einen Sänger oder Solisten begleitest, solltest du zumindest zeitweise zwei Akkorde pro Takt spielen, um den Rhythmus zu verankern. Hier ist eine Art, *My Funny Valentine* zu spielen, die die Dinge in Bewegung hält, aber ein paar harmonische Wendungen enthält. In Takt drei bringt der Cm11b9-Akkord eine überraschende Spannung in die Harmonie, ist aber gut zu verwenden, da er die Melodienote enthält.

Beispiel 4z8

Die letzten beiden Beispiele verwenden die Anfangstakte von „*Angel Eyes*". Wenn du mit diesem Stück nicht vertraut bist, höre dir die großartige Version von Jim Hall auf seinem Album *Live* an! Beispiel 4z9 sind die ersten vier Takte des A-Teils. Zweimal in diesem Beispiel machen wir Gebrauch von der Tatsache, dass Cmb6 Noten mit Abmaj7 teilt (siehe die Voicings auf Schlag 1 der Takte eins und drei).

Beispiel 4z9

Hier sind die Takte 5-8 von *Angel Eyes* (du kannst dies mit dem vorherigen Beispiel verzahnen). In Takt eins wirst du feststellen, dass für beide „C"-Akkorde die gleiche Form verwendet wird. Der grundtonlose Cm6/9-Akkord ist auf 6., b3, 5. und 9. Aufgebaut. Der Cm11b9-Akkord wird mit 5., b9, 11., mit dem Grundton oben gespielt.

Beispiel 4z10

Zum Abschluss findest du hier eine Übungsaufgabe für dieses Kapitel. Du wirst feststellen, dass ich keine Griffbrettkarten der Moll-Akkorde, die wir behandelt haben, beigefügt habe. Wählen einen erweiterten oder abgewandelten Moll-Akkord und erstelle deine eigene Griffbrettkarte davon. Im Internet findest du eine Reihe von nützlichen Mapping-Tools, bei denen du nur die gewünschten Noten eingeben musst.

Wählen nun einen deiner Lieblingsstandards in einer Moll-Tonart aus und verwende die Karte, um Akkord-Voicings für das Comping zu suchen. Scheue dich nicht, zu experimentieren - die Verwendung eines ungewöhnlichen Akkord-Voicings wird oft eine Reihe kreativer Ideen auslösen und es ist gut, aus deiner Komfortzone herauszukommen und dich von deinen Ohren leiten zu lassen.

Kapitel Fünf - Alterierte & erweiterte Dominantakkorde

Der Dominant-7-Akkord ist einer der wichtigsten Klänge im Jazz. Da er einen so starken, unverwechselbaren Klang und die Möglichkeit hat, bunte Veränderungen zur Struktur hinzuzufügen, lassen viele Jazzmusiker den ii-Akkord in der ii V I-Sequenz beim Improvisieren außer Acht und konzentrieren sich ausschließlich auf die Dominante.

Der grundlegende Dominant-7-Akkord ist aus Grundton, 3., 5. und b7 aufgebaut. In diesem Kapitel basieren alle Beispiele auf einem A7-Akkord (A, C#, E, G). Diese Struktur kann auf vier Arten verändert werden: durch Verminderung oder Erhöhung der Quinte und durch Hinzufügen einer b9 oder #9.

In der Jazz-Harmonik wird ein Dominant-Akkord mit einer oder mehreren dieser Veränderungen als *alterierter Akkord bezeichnet*. Auf Leadsheets sieht man in der Regel „A7alt" geschrieben. Ob der alterierte Ton ein b5, #5, b9 oder #9 ist, ist nicht spezifiziert und was du spielen solltest, wird im Allgemeinen durch a) die *Melodie* bestimmt, wenn du einen Sänger oder Instrumentalisten begleitest, der die Melodie angibt, oder b) die *Harmonie*, d.h. einfach das, was gut klingt und im Kontext des Stücks Sinn macht.

Der bei weitem am häufigsten alterierte Sound in der Jazz-Improvisation ist der 7b9, daher werden wir hier einige Zeit damit verbringen, verschiedene Voicings von A7b9 zu erkunden. Das soll nicht heißen, dass andere Alterationen nicht verwendet werden, aber sie sind in Jazz-Tunes weniger verbreitet, da ein Großteil des Repertoires aus gesungenen Show-Tunes stammt (und #5 Melodietöne nicht so häufig sind!).

In diesem Kapitel sehen wir uns die wesentlichen Voicings an, die du für diese Akkorde kennen solltest und erforschen einige andere, die dir vielleicht noch nicht begegnet sind. Um das Kapitel abzurunden, werden wir uns einige Dominantakkorde ansehen, die Erweiterungen und Alterationen kombinieren. Am Ende des Kapitels wirst du hoffentlich nicht mehr beunruhigt sein, wenn du A13b5b9 auf dem Notenblatt siehst!

Wir werden alle diese Voicings im Kontext von Dur und Moll ii V I - Progressionen in den Tonarten D-Dur / d-Moll erkunden.

Dominant 7b9

Die Formel für Dominant 7b9 lautet 1 3 5 b7 b9. A7b9 hat die Noten A, C#, E, G, Bb.

Du bist wahrscheinlich mit den beiden unten dargestellten Grundton-Voicings von A7b9 vertraut.

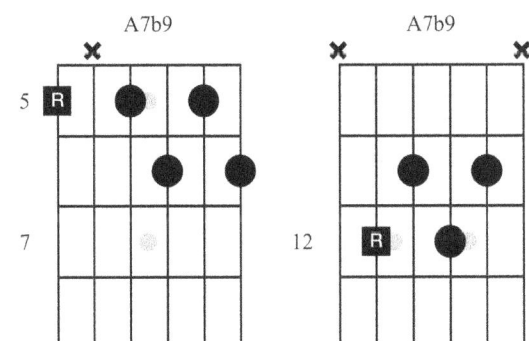

Du kennst vielleicht auch diese bewegliche Form. Sie kann in kleinen Terzen (im Abstand von drei Bünden) nach oben/unten verschoben werden, um eine Reihe von 7b9-Umkehrungen zu erzeugen. (Diese Vier-Ton-Form ist im obigen Grundakkord der E-Saite enthalten). Bewege sie in kleinen Terzen nach oben/unten, um die Umkehrungen zu hören. Du kannst die offene A-Saite als Bassnote spielen und sie beim Ausprobieren beibehalten.

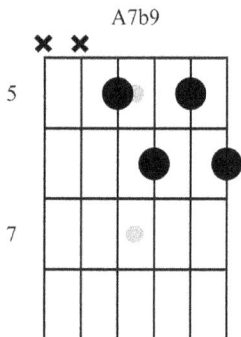

Dies sind die 7b9-Formen, die von vielen Spielern verwendet werden, und sie funktionieren wirklich gut. Wenn wir aber einige frische, moderne Sounds erzeugen wollen, müssen wir tiefer graben, um mit der Mapping-Technik neue Voicings zu finden.

In den folgenden Beispielen habe ich mich auf die Suche nach den Umkehrungen von A7b9 gemacht (d. h. nach Formen, die andere Akkordtöne als das A im Bass verwenden). Wie immer war die Regel, dass sie im Kontext eines ii V I gut klingen müssen. Es macht keinen Sinn, einen komplizierten Akkord zu konstruieren, der nur für sich allein gut klingt - er muss etwas zu einer Progression beitragen.

Die ersten drei Beispiele verwenden A7b9-Formen mit der 3. als tiefstem Ton.

Beispiel 5a

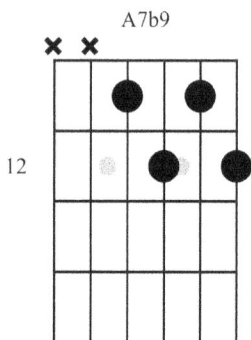

Beispiel 5b

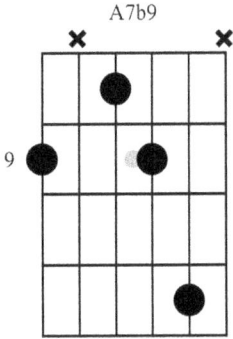

Beispiel 5c

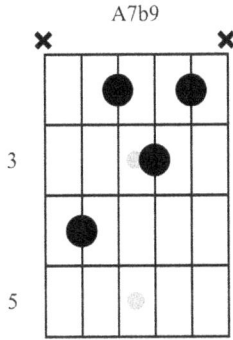

Die nächsten drei Beispiele haben die 5. als tiefste Note von A7b9.

Beispiel 5d

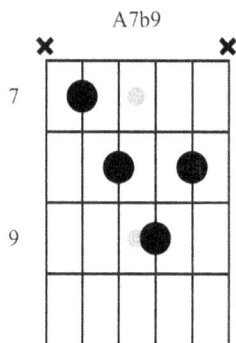

Beispiel 5e

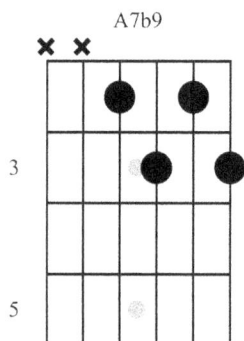

Beispiel 5f

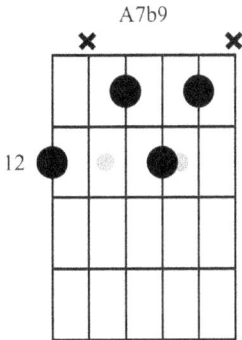

Probieren wir nun einige A7b9-Voicings mit der b7 im Bass aus.

Beispiel 5g

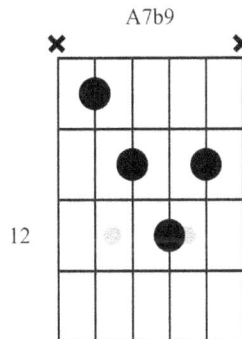

Beispiel 5h

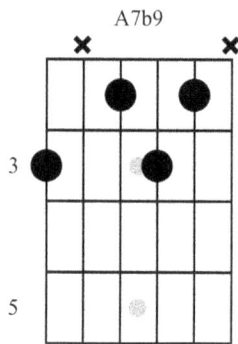

A7b9

Em9   A7♭9   Dmaj7

Der Dominant-7b9-Akkord funktioniert in der Moll-ii-V-i-Progression genauso gut wie in der Dur-Progression. Hier ist ein ii V i in d-Moll mit einem A7b9, der mit der 7. im Bass gegriffen wird.

Beispiel 5i

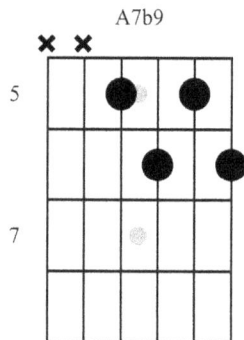

A7b9

Em11♭5   A7♭9   Dm11

Für einen anspruchsvolleren modernen Sound können wir die b9 auch als tiefste Note in einem 7b9-Voicing platzieren, wie es viele zeitgenössische Jazz-Spieler tun. Hier funktioniert diese Idee gut als Teil einer chromatisch absteigenden Basslinie. Die Akkorde Em9 und Dmaj9 werden mit der 5. im Bass intoniert, um die Bewegung zu ermöglichen.

Beispiel 5j

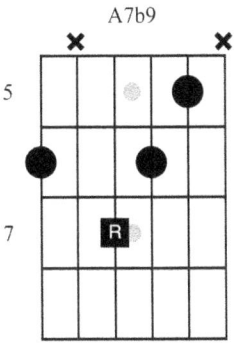

Hier ist ein achttaktiges Beispiel, das zwei A7b9-Formen mit der b9 im Bass verwendet.

Beispiel 5k

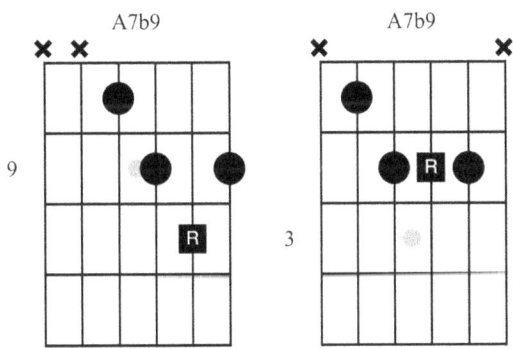

Ich hoffe, diese Ideen haben gezeigt, wie du mehr aus dem 7b9-Akkord herausholen und ihn auf interessante Weise anwenden kannst. Nun gehen wir dazu über, den Klang der anderen 7alt-Akkordvarianten zu erkunden.

Dominant 7#9

Der 7#9-Akkord ist so konstruiert: 1 3 5 b7 #9.

A7#9 hat die Noten A, C#, E, G, B#.

Dieses erste Beispiel verwendet die populärste 7#9-Form, die oft als „Hendrix-Akkord" bezeichnet wird, weil Jimi sie gewagt als I-Akkord in dem Stück *Purple Haze* verwendet hat.

Beispiel 5l

Diese Version von A7#9 ist oft nützlich, wenn du eine Melodienote auf der hohen E-Saite einfügen möchtest.

Beispiel 5m

Hier ist eine meiner Lieblingsarten, einen gestreckten A7#9 zu spielen, die einen läutenden Klang hat.

Beispiel 5n

Probiere nun die nächsten Beispiele aus, bei denen A7#9 mit der ♭7 im Bass gegriffen wird. Sie eröffnen uns neue Möglichkeiten, wie wir den Alt7-Klang mit anderen Akkorden kombinieren können.

Beispiel 5o

Beispiel 5p

Beispiel 5q

Zum Schluss noch ein Beispiel, bei dem die #9 im Bass platziert wird, um eine aufsteigende chromatische Basslinie zu erzeugen.

Beispiel 5r

Dominant 7b5

Die Formel für den 7b5-Akkord lautet 1 3 b5 b7.

A7b5 enthält die Noten A, C#, Eb, G.

Dies ist eine gängige Art, A7b5 zu spielen, die dir wahrscheinlich schon einmal begegnet ist.

Beispiel 5s

Hier ist eine weniger gebräuchliche Art, den Akkord zu spielen. Ich liebe den klirrenden Effekt dieser besonderen Form. Gepaart mit dem folgenden Dmaj7#11 verleiht sie der Progression eine moderne Note.

Beispiel 5t

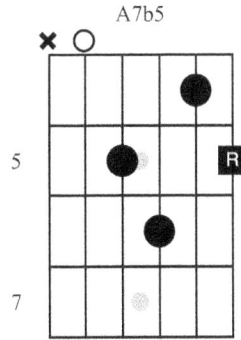

A7b5

Em7   A7♭5   Dmaj7♯11

Dieses Voicing des Akkords (Grundton, b5, b7, 3.) funktioniert gut, wenn du eine melodische Linie auf der hohen E-Saite spielen willst.

Beispiel 5u

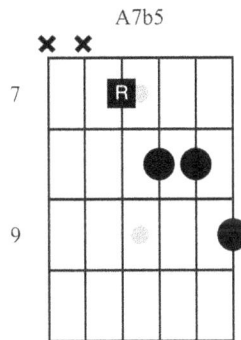

A7b5

Em7♭5   A7♭5   Dm7

In diesem Beispiel hat A7b5 die b5 im Bass, wodurch wir eine chromatisch absteigende Basslinie auf der A-Saite spielen können.

Beispiel 5v

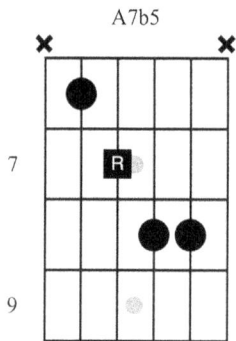

Das nächste Beispiel verwendet viele offene Saiten, also lasse sie beim Spielen unbedingt erklingen. Das A7b5 fügt genau die richtige Menge an Dissonanz hinzu, um den Hörer herauszufordern. Das D6sus9 fügt weitere Spannung hinzu, bevor die Auflösung zu Dmaj7 im letzten Takt erfolgt.

Beispiel 5w

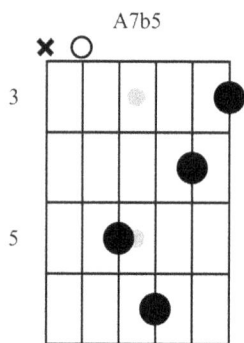

Em9   A7♭5   D6sus9   Dmaj7

Wenn du einen dunkleren, dichteren Klang erzeugen möchtest, probiere diese Voicings, bei denen die Akkorde, die das A7b5 umgeben, alle mit der 5 im Bass gegriffen werden.

Beispiel 5x

A7b5

Em7   A7♭5   Dmaj7   B7

Dominant 7#5 (oder 7b13)

Die Formel für den 7#5-Akkord lautet 1 3 #5 b7.

A7#5 hat die Noten A, C#, F, G.

Dieses Voicing ist für viele Spieler die bevorzugte Form, wenn A7#5 auf einem Akkordblatt erscheint. Sie ist leicht zu spielen und funktioniert einfach gut.

Beispiel 5y

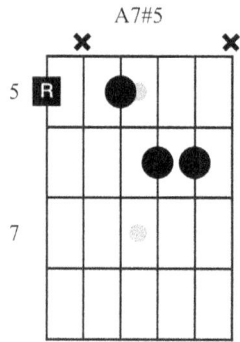

Hier ist eine weniger verwendete Version, die sich gut für das Arrangieren von Melodien auf den B- oder hohen E-Saiten eignet.

Beispiel 5z

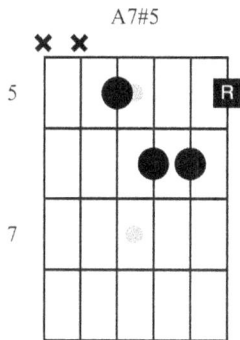

Wenn du den 7#5-Akkord mit einer Griffbrettkarte untersuchst, findest du diese erweiterte Form. Diese Form kann in großen Terzen (vier Bünde auf der Gitarre) bewegt werden, um Umkehrungen zu erzeugen. Wenn wir uns in großen Terzen bewegen, haben wir bald kein Griffbrett mehr, aber für den A7#5-Akkord bedeutet das, dass wir leicht drei verschiedene Umkehrungen spielen können. (Die vierte Intonation wäre die gleiche wie die erste, nur eine Oktave höher). Hier sind die drei Formen, die in Progressionen verwendet werden.

Beispiel 5z1

A7#5

Em9   A7#5   Dmaj9

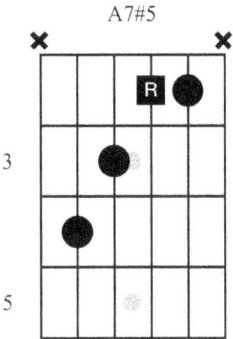

```
Em9          A7#5         Dmaj9
T------------2------------5-----------------%
A---0--------2------------6-----------------
B---4--------3------------4-----------------
  --2--------4------------5-----------------
  --0----------------------------------------
```

Beispiel 5z2

A7#5

Em9   A7#5   Dmaj7

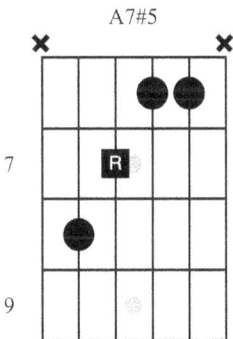

```
Em9          A7#5         Dmaj7
T---7--------6------------------------------%
A---7--------6------------6-----------------
B---5--------7------------4-----------------
  --7--------8------------7-----------------
                          5-----------------
                          5-----------------
```

Beispiel 5z3

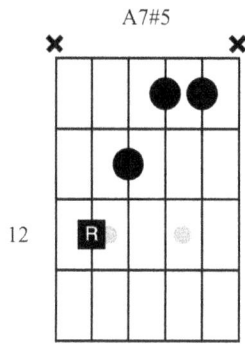

Beispiel 5z4

Zum Schluss siehst du hier, wie diese übermäßige Form auf den oberen vier Saiten aussieht, mit der 3. im Bass. Sie funktioniert gut mit dem folgenden Dmaj7.

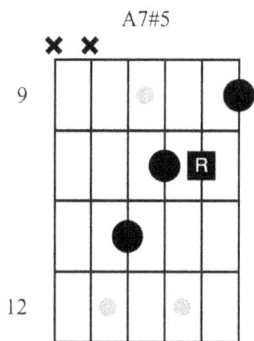

Dominant-Akkorde mit Erweiterungen und kombinierten Alterationen

Zum Abschluss dieses Kapitels werden wir noch einige alterierte Dominantformen lernen. Dieses Mal werden wir jedoch Akkorde spielen, die erweiterte Noten *und* kombinierte Alterationen haben. Zum Beispiel Dominant 7#5b9 oder Dominant 13#9.

Ein Hinweis zur Anwendung dieser Akkorde in Jazz-Standards...

Im Gegensatz zu den vorherigen Kapiteln werde ich keine Beispiele zeigen, wo du diese Akkorde in Jazz-Musikstücken verwenden kannst. Die Möglichkeiten dazu sind endlos und du wirst feststellen, dass diese Voicings extrem vielseitig sind und zu den meisten Standards passen. Wende sie auf deine Lieblingsstücke an und lasse dich von deinen Ohren leiten. Wenn es gut klingt, ist es gut.

Hier ist noch ein weiterer Punkt zu beachten. Jazz-Musiker verwischen gerne die harmonischen Linien, wenn es um Akkord-Voicings geht. Du wirst oft ein Moll ii V sehen, das sich in einen Dur-Akkord auflöst, oder ein Dur ii V, das sich in einen Moll-Akkord auflöst. Dies geschieht oft, um eine harmonische Wendung zu schaffen und den Hörer im Ungewissen zu lassen. In diesen Beispielen habe ich einfach die Akkord-Voicings verwendet, die den Klang in meinem Kopf ausdrücken, ohne mich zu sehr um die Regeln der funktionalen Harmonie zu kümmern.

Beginnen wir mit einem meiner liebsten Alt7-Akkorde. Joe Pass hat seine Arrangements häufig mit diesem alterierten Dominantakkord aufgepeppt.

Beispiel 5z5

Dieses Beispiel enthält zwei alterierte Akkorde und eine der oben erwähnten harmonischen Wendungen. Die Takte 5-6 haben eine Moll-ii-V-Sequenz, die sich in Takt sieben nach d-Moll auflösen sollte, aber stattdessen haben wir Dmaj7. Diese „überraschende" ii V I wird in vielen Stücken verwendet, z. B. in *All the Things You Are*, das gegen Ende des B-Teils F#°7 - B7b9 - Emaj7 (statt Em7) hat.

Beispiel 5z6

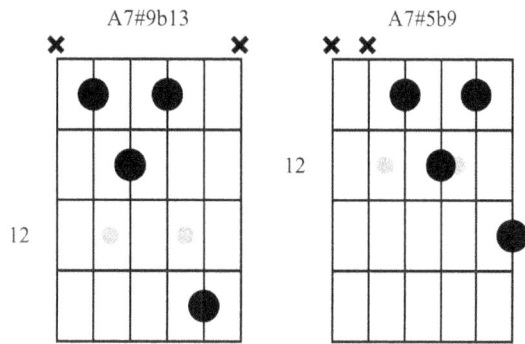

Dieses Beispiel enthält auch zwei Alt7-Akkorde. Die fünfte Position von A13b9 ist ein großartiges Voicing, um etwas Spannung hinzuzufügen, die durch den folgenden Dur/Moll-Akkord aufgelöst wird. Das Voicing b9b13 in der zwölften Position wurde gewählt, um eine chromatisch absteigende Melodielinie auf der hohen E-Saite unterzubringen.

Beispiel 5z7

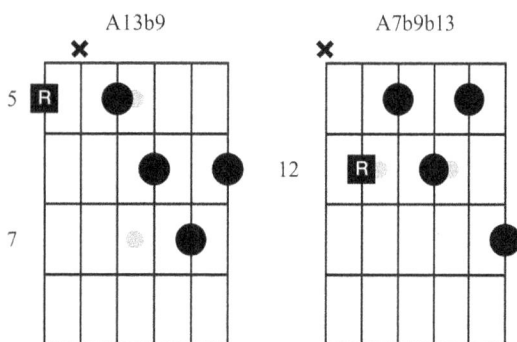

Dieses Beispiel enthält ein neues Voicing - das angespannt klingende A7b5#9 - und zeigt in Takt sechs eine weitere Möglichkeit, die Form A7b9b13 aus dem vorherigen Beispiel zu verwenden.

Beispiel 5z8

Das nächste Beispiel beginnt mit einem ungewöhnlichen Split-Voicing von Em7b5. Darauf folgt der Hendrix-A7#9-Akkord, aber mit der darüber liegenden Note #5. Der in Takt sechs verwendete 7b5b9-Klang will unbedingt nach Dm7 auflösen.

Beispiel 5z9

Zum Schluss sind hier einige Alt7-Voicings, die etwas mehr Dehnung erfordern. Die Hinzufügung der Note #11 zur A7#9 in Takt zwei verleiht dem Sound eine einzigartige Note. Probiere sie sowohl arpeggiert als auch angeschlagen aus. In Takt sechs hat dieses 13#9-Voicing einen sehr angespannten Klang, der nach einer Auflösung schreit.

Beispiel 5z10

Während Dominantakkorde mit mehreren Alterationen zu einigen sehr komplex klingenden Voicings führen können, klingen sie im Kontext eines gut durchdachten Jazz-Arrangements immer üppig und sind besonders für den Sologitarristen nützlich. Wenn du Bedenken hast, dass diese Akkorde bei der Arbeit mit einem Bassisten oder Pianisten zu dicht klingen, kannst du die Bassnoten immer weglassen und deine Voicings auf den höheren Saiten arrangieren.

Sechstes Kapitel - Kreative Akkordkombinationen

Wir haben uns eine Reihe von modernen Voicings für Dur-, Moll- und Dominant-Akkorde angesehen und gelernt, sie in ii V I-Sequenzen zu verwenden. Wir haben sie auch auf Sequenzen von vielen Jazz-Standards angewandt. Jetzt ist es an der Zeit, all dieses Wissen zusammenzubringen und es anzuwenden, um ein vollständiges Arrangement eines Stücks zu erstellen.

In den vorangegangenen Kapiteln stand ein „spezieller" Akkord im Mittelpunkt, aber hier können wir alle kreativen Möglichkeiten nutzen und mehrere Akkordformen kombinieren. Wir könnten uns dabei ein paar harmonische Freiheiten herausnehmen, aber denke an die Regeln:

Die Akkordauswahl muss für unsere Ohren gut klingen und *im Kontext der Akkordfolge funktionieren.*

Wir werden an den Akkordwechseln des Stücks *Someday My Prince Will Come* arbeiten und einige kreative Reharmonisierungsansätze lernen. Ich hoffe, diese Ideen entfachen eine neue Kreativität in deinem Spiel und die Bereitschaft, neue Klänge zu erforschen und zu entdecken. Selbst das Erlernen *einer* neuen Herangehensweise an einen Standard, den du schon hunderte Male gespielt haben, kann dir neue Wege zum Lernen eröffnen.

Bevor wir zu den Beispielen kommen, habe ich unten eine Erinnerung an alle in diesem Buch erwähnten Arrangiermittel eingefügt. Dies ist kein Buch, das sich speziell mit dem Arrangieren von Jazzgitarrenparts beschäftigt - ein riesiges Gebiet, das eine eigene Behandlung verdient - und es ist auch keine umfassende Liste, aber hier sind zehn Ideen, die du sofort verwenden kannst, um deiner Jazz-Akkord-Begleitung einen modernen Dreh zu geben. Wenn du bei der Arbeit an einem Stück nicht weiterkommst, kannst du dich an diesen Punkten orientieren, um dich an einige der Möglichkeiten der Reharmonisierung zu erinnern.

Werkzeugkasten für Arrangements

1. Ersetze einen Standard-Major-7-Akkord durch eine erweiterte/alterierte Alternative, z. B. Major 7#11, Major 7b5, Major 11, Major 13.

2. Spiele angespannt klingende alterierte Major-Akkorde (z. B. Major 7#5) als Durchgangsakkorde und „löse" sie auf, indem du einen Major 7 oder 9 spielst.

3. Spiele einen Major 7#11, Major 7b5, Major 7#5 usw. vor dem IV-Akkord in derselben Tonart, z. B. Cmaj7#11 - Fmaj7.

4. Ersetze einen V7-Akkord durch einen Major7#11, der einen Ton tiefer als sein Grundton liegt. Ersetzen z. B. A7 durch Gmaj7#11 (funktioniert auf der Basis gemeinsamer Noten).

5. Ersetze einen Major-7#11-Akkord durch einen relativen Moll-9-Akkord, oder kombiniere ihn mit einem solchen. Z.B. Ebmaj7#11 kombiniert mit, oder ersetzt durch, Cm9.

6. Nähere dich Akkorden von einem Halbtonschritt oberhalb/unterhalb. Ein einfaches, aber effektives Mittel: Du kannst einen exotisch klingenden Akkord spielen, der sich um einen Halbtonschritt zu einem konventionelleren Akkord auflöst. Z.B. C#maj9#11 zu Cmaj7. Der Akkord kann die gleiche oder eine andere Qualität haben.

7. Ersetzen einen Moll-7b5-Akkord durch einen Major-7b5-Akkord eine b5 darüber. Z.B. Cmaj7b5 anstelle von F#m11b5 (funktioniert auf der Basis gemeinsamer Noten).

8. Ersetze einen Major 7#5 durch seine relative Mollform und verwenden ihn als I-Akkord. Z.B. Cmaj7#5 ersetzt Am9 in einem Moll ii V i (Bm7b5 - E7b9 - Cmaj7#5).

9. Paare Major 7#5-Akkorde mit relativen Moll-Akkorden in einem modalen Kontext. Verwende z. B. Fmaj7#5-Voicings neben oder anstelle von Dm11-Voicings bei Stücken wie *So What* und *Impressions*.

10. Ersetze einen b6-iii-Akkord in Moll durch seinen Imaj7-Akkord. Spiele z. B. Cmb6 anstelle von Abmaj7 (C-Moll ist Akkord iii in der Tonart Ab-Dur). Diese Idee funktioniert auch auf der Basis von gemeinsamen Noten.

Wir werden diese Ideen bei der Arbeit an unserem Arrangement nutzen.

Die grundlegenden Changes

Someday My Prince Will Come wurde von Frank Churchill und Larry Morey geschrieben und geht auf das Jahr 1937 zurück. Ursprünglich für den Disney-Film *Schneewittchen* geschrieben, wurde es zu einem Jazz-Standard mit kultigen Versionen, die von Dave Brubeck, Mile Davis, Bill Evans, Herbie Hancock, Oscar Peterson und Keith Jarrett aufgenommen wurden. Es steht in der Tonart B-Dur und unten sind die häufig gespielten Akkordwechsel aufgeführt, die man im *Real Book* findet.

| Bbmaj7 | D7#5 | Ebmaj7 | G7b9 |

| Cm7 | G7b9 | Cm7 | F7 |

| Dm7 | C#°7 | Cm7 | F7 |

| Dm7 | C#°7 | Cm7 | F7 |

| Bbmaj7 | D7#5 | Ebmaj7 | G7b9 |

| Cm7 | G7b9 | Cm7 | F7 |

| Fm7 | Bb7 | Ebmaj7 | E°7 |

| Bbmaj7 | G7 | Cm7 | F7 |

Schauen wir uns die ersten vier Takte an. Hier ist eine typische Art und Weise, wie sie mit gängigen Akkordformen gespielt werden.

Beispiel 6a

Wie können wir um diese grundlegenden Changes herum interessantere Ideen entwickeln? Ich werde dir zwei kreative Strategien vorschlagen, die du während deiner Übungszeiten verfolgen kannst.

Stimmführender Ansatz

Eine gute Möglichkeit, eine Progression zu verbessern, besteht darin, ein modernes Akkord-Voicing auszuwählen, das dir gefällt und dann nach Voicings für die nachfolgenden Akkorde zu suchen, die dieses Voicing ergänzen. Das ist wörtlich zu nehmen: Wähle einen Akkord aus und überlege dann: *„OK, wohin soll ich als nächstes gehen?"* Überlege, was ein interessanter oder herausfordernder nächster Schritt sein könnte.

Bei dieser Methode werden die Entscheidungen, die du triffst, von *stimmführenden* Bewegungen geleitet. Mit anderen Worten: Du änderst vielleicht eine oder zwei Noten in einer Stimmführung, um den nächsten Akkord zu bilden. Dies funktioniert oft gut und verleiht einem Arrangement ein Gefühl der Kontinuität. Oder du siehst eine einfache Melodielinie oder eine chromatische Linie, die sich durch die Changes bewegen könnte, und baust Voicings um sie herum.

Wenn ich ein Arrangement komponiere, suche ich oft nach einer einfachen melodischen Linie auf der B- oder hohen E-Saite oder nach einer möglichen chromatisch aufsteigenden/absteigenden Route durch die Akkordwechsel. Sobald ich eine einfache Phrase habe, suche ich nach Akkord-Voicings, die dazu passen und gleichzeitig die Essenz der Harmonie beibehalten.

Hier ist zum Beispiel eine modernere Version der Takte 1-4. Die einfache Idee, die hier verwendet wird, besteht darin, drei Noten chromatisch auf der hohen E-Saite absteigen zu lassen, beginnend mit einer A-Note am fünften Bund. In Takt vier entfernen wir uns von dieser Idee und beginnen, uns in eine neue Richtung zu bewegen.

Beispiel 6b

Hier ist eine komplexere Version der ersten Takte. Um dieses Arrangement zu erstellen, habe ich eine einfache Melodie komponiert (skizziert in den Takten 1-4) und dann Voicings um die Linie herum gebaut, wobei die Melodienoten oben bleiben. Das Ergebnis sind die Takte 5-8.

Beispiel 6c

Hier ist eine Aufschlüsselung der Ideen, die ich verwendet habe, um zu dieser Harmonisierung zu gelangen.

In Takt fünf (der in den ursprünglichen Changes einen statischen Bbmaj7 hat) habe ich andere Akkorde aus der Tonart Bb-Dur verwendet - C-Moll (den ii-Akkord) und Eb-Dur (den IV-Akkord). Ich änderte jedoch die Qualität des IV-Akkords von Major zu Dominant, da dies einen sanfteren Übergang in den D7#9-Akkord in Takt sechs bot und in meinen Ohren gut klang.

In Takt sieben fand ich drei Variationen von Eb-Dur-Akkorden, die reich und komplex klangen und die Melodienote auf der hohen E-Saite hatten. Im letzten Takt habe ich, um die Melodienote unterzubringen, Punkt 6 aus den obigen Arrangement-Tipps verwendet und mich dem G-Dominant-Akkord von einem Halbtonschritt darüber genähert.

Beispiel 6d ist ein ambitionierteres chromatisches Beispiel. Hier habe ich mich selbst vor eine Herausforderung gestellt: Ich sollte in Position 1 mit einem Standard-Bbmaj7-Akkord beginnen und sehen, wie weit ich den Hals mit chromatischen Noten auf der hohen E-Saite aufsteigen lassen kann - und dabei die Harmonie beibehalte (ich weiß, ich bin ein Spielverderber, nicht wahr?!) Ich schaffte es bis Bund 15, bevor ich beschloss, dass es Zeit war, abzusteigen.

Beispiel 6d

Akkordphrasen Ansatz

Eine Alternative zum stimmführenden Ansatz ist die Verwendung von so genannten *Akkordphrasen*. Bei diesem Ansatz geht es weniger um melodische/chromatische Linien, die sich durch die Wechsel bewegen, sondern wir verwenden Akkorde, um *riffartige* musikalische Aussagen zu erzeugen. Mit vollständigen Akkordformen oder Akkordfragmenten können wir akkordische Passagen erzeugen, die die Harmonie umreißen und fließend von Akkord zu Akkord übergehen und die Harmonie zusammenkleben. Wir können auch mehrere Voicings von Akkorden verwenden, um das gesamte Griffbrett besser auszunutzen.

Die Akkord-Griffbrettkarten, die wir verwendet haben, sind ein effektives Werkzeug, um diesen Stil des Arrangierens von Jazzgitarrenakkorden zu entwickeln. Mit einer Karte ist es viel einfacher zu visualisieren, wie der Akkord über das Griffbrett verteilt ist und wie die darin enthaltenen Muster verwendet werden können, um Akkordphrasen zu erstellen. Lass uns ein paar Beispiele durcharbeiten, um zu sehen, wie dieses Konzept in der Praxis funktioniert.

Hier ist eine einfach klingende ii V I-Progression in B-Dur mit einfachen Voicings.

Beispiel 6e

Lass uns dies in ein interessanteres Kompositionsmuster verwandeln, indem wir eine Akkordphrase erzeugen.

Beispiel 6f

Wie sind wir von Beispiel 6e zu 6f gekommen? Schlüsseln wir es auf.

Im ersten Takt wird ein einfacher Cm7-Akkord verwendet, aber die Bewegung wird durch das Aufbrechen des Akkords in kleinere Fragmente erzeugt, die sich zum vollen Akkord hin aufbauen. Um diese Passage zu spielen, legst du deinen Zeigefinger auf den dritten Bund und lässt ihn dort. Schlage die Noten auf Schlag 2 an und füge dann die Noten auf der hohen E-Saite hinzu, um die Formen auf den Zählzeiten 3 und 4 zu vervollständigen.

In der Originalversion enthielt Takt zwei nur einen F9-Akkord. In der neuen Version gibt es vier Akkord-Voicings, um ihn zu ersetzen. Anstatt nur den V-Akkord zu spielen, gibt es zwei ii V-Bewegungen (C-Moll bis F-Dominant). Zunächst muss bei der Cm9-Form nur eine Note um einen Halbtonschritt gesenkt werden, um einen F13-Klang zu erzeugen. Als Nächstes wird die Ebmaj7#11 als Ersatz für Cm9 gespielt (siehe Punkt 5 der Arrangement-Tipps), was zu einem F7b9 führt.

In den Takten 3-4 arbeiten vier komplementäre Voicings zusammen, um den statischen Bb-Dur-Akkord zu ersetzen und ihm etwas Bewegung zu verleihen, beginnend mit dem unerwarteten Bbmaj13#11.

Schauen wir uns eine alternative Möglichkeit an, diese Sequenz aufzupeppen.

Beispiel 6g

Lass uns diese Version aufschlüsseln. Dieses Mal ist die Idee rhythmisch einfacher und verwendet dunkler klingende Voicings.

Moll 13 und 11-Akkorde ersetzen das gewöhnliche C-Moll in Takt 1.

In Takt zwei wird eine von Kurt Rosenwinkels bevorzugten Spielweisen verwendet (siehe Punkt 4 der Arrangiertipps), bei der Ebmaj7#11 F7 ersetzt (d. h. eine Major 7#11 einen Ganztonschritt unter dem Grundton eines Dominantakkords). Wenn du die beiden oberen Noten dieser Intonation um einen Halbtonschritt anhebst, wird Ebmaj7#11 zu F7#9.

In den Takten 3-4 werden Bbmaj7-Akkordfragmente verwendet, um eine Frage- und Antwortphrase zur Vervollständigung der Progression zu erzeugen.

Beispiel 6h übernimmt das vorherige Beispiel und nimmt einige Anpassungen an den Voicings vor. In Takt zwei wird der Dominant-Akkord als 7b9 gespielt. In Takt drei haben wir die Idee, einen Imaj7-Akkord durch den iii-Akkord der gleichen Tonart zu ersetzen (siehe Punkt 10 der Arrangement-Tipps), d. h. d-Moll anstelle von B-Dur. Hier habe ich eine ungewöhnliche Dm11b9-Voicing als Ersatz für Bbmaj7 verwendet.

Um dieses Voicing von Bbmaj7#11 zu spielen, halte im letzten Takt beide Noten im fünften Bund mit dem Zeigefinger gedrückt. Die Noten im siebten Bund werden mit dem kleinen Finger (auf der G-Saite) und dem Ringfinger (auf der D-Saite) gespielt, wodurch der Mittelfinger frei wird, um die Bassnote auf der tiefen E-Saite, sechster Bund, zu spielen.

Beispiel 6h

Hoffentlich erkennst du nun, dass es möglich ist, mit den Werkzeugen in diesem Buch aus einigen grundlegenden harmonischen Informationen anspruchsvolle Akkordpassagen zu erstellen. Übe die obige ii V I-Sequenz eine Weile und versuche, drei oder vier eigene Akkordphrasen zu schreiben, indem du auf die verschiedenen Voicings zurückgreifst, die wir behandelt haben.

Wenden wir diese Denkweise nun auf *Someday My Prince Will Come* mit ein paar weiteren Beispielen an. Hier sind zwei Akkord-Phrasen-Ansätze für die ersten Takte des Stücks, die die obigen Prinzipien verwenden.

Beispiel 6i

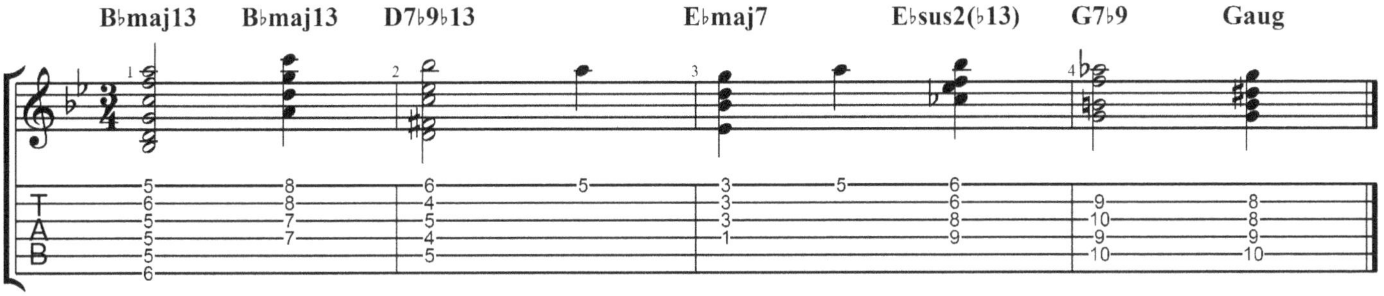

Beispiel 6j

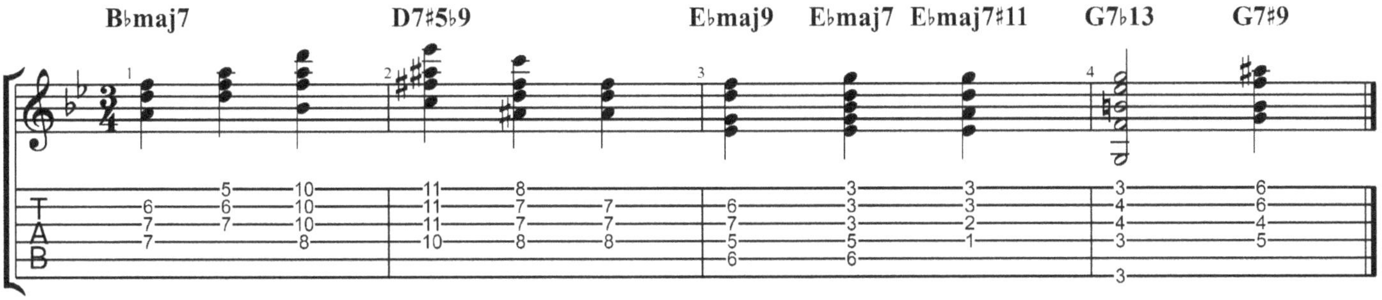

Performance-Stück

Abschließend findest du hier ein Arrangement des kompletten Stücks. Dies ist nur eine Möglichkeit, die Changes von *Someday My Prince Will Come* zu spielen und es nutzt eine Auswahl der verschiedenen Akkord-Voicings und Arrangement-Ideen, die wir behandelt haben, aber die Möglichkeiten sind endlos. Spiele es langsam durch, um alle Akkordformen unter die Finger zu bekommen, und arbeite dann mit einem Metronom, indem du die Geschwindigkeit allmählich erhöhst, um es auf das Aufführungstempo zu bringen. Die Audiospur wurde mit 105 bpm aufgenommen.

Beispiel 6k

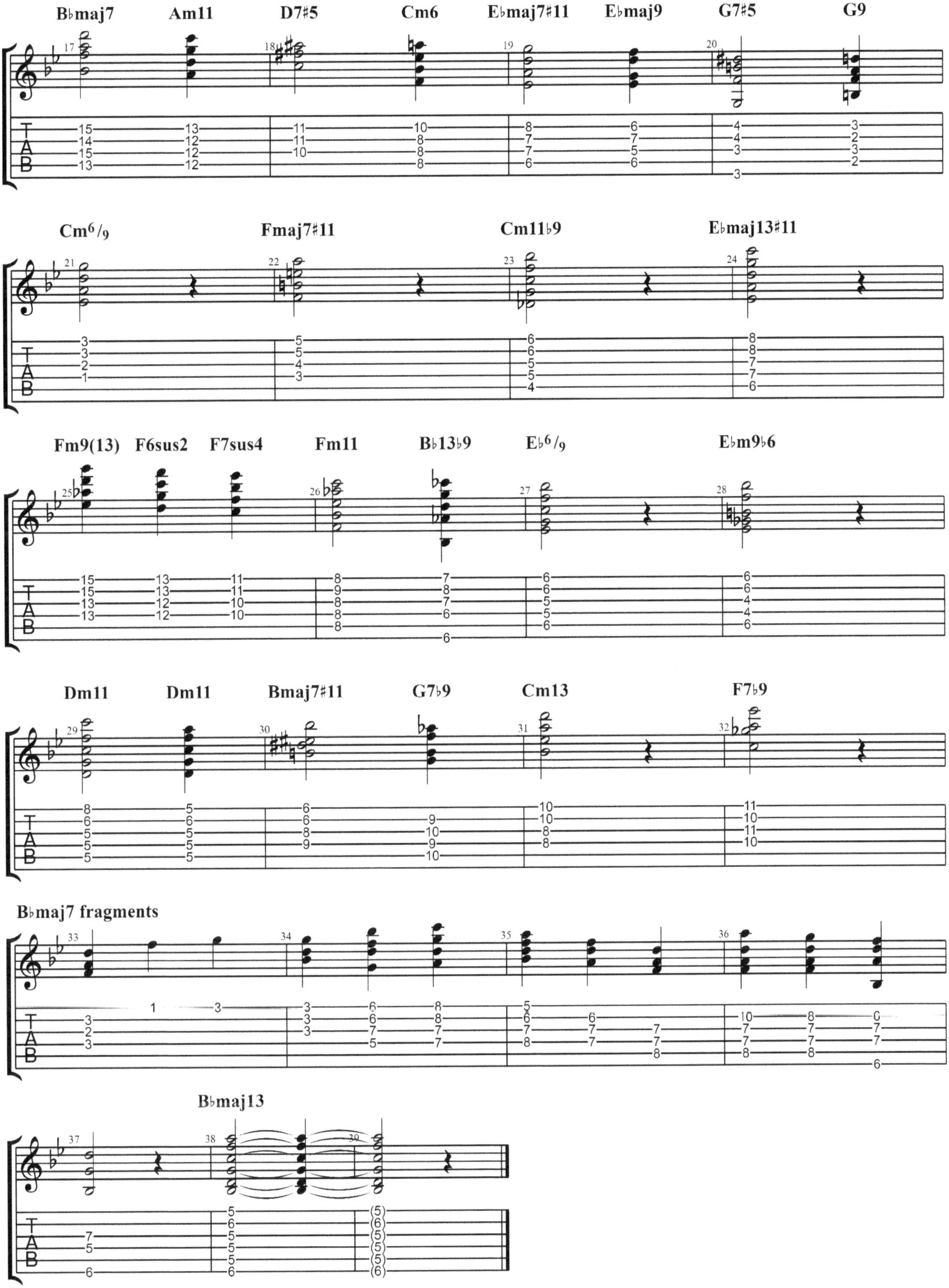
B♭maj7
Am11
D7♯5
Cm6
E♭maj7♯11
E♭maj9
G7♯5
G9
Cm6/9
Fmaj7♯11
Cm11♭9
E♭maj13♯11
Fm9(13)
F6sus2
F7sus4
Fm11
B♭13♭9
E♭6/9
E♭m9♭6
Dm11
Dm11
Bmaj7♯11
G7♭9
Cm13
F7♭9
B♭maj7 fragments
B♭maj13

Analyse des Arrangements

Um dieses Kapitel abzurunden, lass uns einen Blick auf einige der harmonischen Entscheidungen und Arrangement-Ideen werfen, die in diesem Stück verwendet wurden.

Takte 1-4

Der Eröffnungsakkord ist ein „außerhalb" klingendes Major 7b5-Voicing, aber diese Spannung wird schnell mit einem „innerhalb" klingenden Bbmaj9 aufgelöst. Takt 2 verwendet Fragmente von D7#5. Wenn du den Major-7#5-Akkord in Form einer Griffbrettkarte betrachtest, wirst du feststellen, dass er die sich wiederholenden erweiterten Formen enthält, die hier verwendet werden.

Takte 5-8

Dieser Abschnitt verfolgt einen melodiegeleiteten Ansatz. In den Takten 5-6 steigen die Noten der B-Dur-Tonleiter ab, um eine einfache melodische Linie zu erzeugen und die Akkord-Voicings wurden entsprechend gewählt, wobei die Melodie oben liegt. In Takt 8 wird ein dissonantes F-Dominant-Voicing verwendet, um das Muster zu unterbrechen und eine neue Idee zu signalisieren. Die Gb-Note auf der Oberseite der Voicings will sich unbedingt zur F-Note in der Bb-Dur-Tonleiter auflösen.

Takte 9-12

In Takt elf ist der Ebmaj7#11-Akkord eine Substitution (die ursprünglichen Changes haben ein C-Moll). Dieser Akkord wird durch den Emaj7#11 vorweggenommen - ein chromatischer Annäherungsakkord von einer halben Stufe darüber. In Takt zwölf könnte diese Akkordform als B7b5 interpretiert werden, aber die Noten sind identisch mit einem grundtonlosen F7#11.

Takte 13-16

Takt vierzehn verdeutlicht, wie entscheidend der *Kontext* bei der Bestimmung des Klangs eines Akkords ist. Vielleicht erkennst du das Akkord-Voicing als Emaj7#11, aber die Original-Changes haben ein C#°7 oder Dbm7. Wenn der Bassist die tiefe Db-Note beisteuert, wird diese Intonation zu Dbm6/9.

In den Takten 15-16 ergeben sich fünf der sechs Akkord-Voicings aus der Harmonisierung der C-dorischen Skala in Quarten. Dies ist eine Idee, die Modal-Jazz-Spieler oft auf statischen Vamps verwenden, um ihre harmonische Auswahl zu öffnen. Im modalen Jazz neigt jeder Akkord dazu, als eigenständiges *tonales Zentrum* betrachtet zu werden. Für die Dauer des Akkordes wird dieser Klang zum Hauptfokus und die Gesamttonart des Stückes ist weniger wichtig. In diesen Takten konzentrieren wir uns also kurz auf c-Moll als tonales Zentrum.

Die Noten der C-dorischen Tonleiter sind: C D Eb F G A Bb

Wenn wir die Tonleiter in Quarten statt in Terzen harmonisieren, beginnend auf C, erhalten wir einen vierstimmigen Akkord mit den Noten C, F, Bb und Eb, der Cm11 ergibt. Wenn du auf der D-Note beginnst, erhältst du D G C F, was Dm11 ergibt. Wenn du einen Akkord von der Eb-Note aus aufbaust, erhältst du Ebmaj7#11 (Es, A, D, G) und so weiter.

Der Am7b5 auf dem letzten Schlag von Takt sechzehn weicht von diesem Muster ab und kehrt in die Tonart Bb-Dur zurück (Am7b5 ist der Akkord vii in Bb-Dur).

Takte 17-20

Die Idee hinter diesen Takten war es, hoch anzufangen und den vollen Umfang des Halses zu nutzen, um abwärts zu gehen. Die Melodienoten auf der B-Saite diktieren die Wahl der Akkordstimmlage. Um die Melodienote auf Schlag 2 von Takt 1 unterzubringen, wurde der ii-Akkord der D-Dominante hinzugefügt (Am - D7).

Takte 21-24

Nach mehreren Takten mit vielen Akkordwechseln war ein kurzer Tempowechsel nötig, daher gibt es hier nur einen Akkord pro Takt. In Takt zweiundzwanzig ist Fmaj7#11 ein Ersatz für G7, wobei die Regel angewendet wird: Major 7#11 einen Ganztonschritt abwärts vom Grundton eines Dominantakkordes. Um zu verstehen, warum dies funktioniert, füge der Form Fmaj7#11 eine G-Bassnote hinzu, um einen dominanten 13b9-Klang zu erzeugen. Die gleiche Idee wird in Takt 24 verwendet.

Takte 25-28

In diesem Abschnitt sind die ursprünglichen Changes Fm7 - Bb7 - Ebmaj7 - E°7. Takt fünfundzwanzig verwendet Quarten-Voicings, um eine Akkordphrase zu erzeugen. Quarten-Akkorde klingen ziemlich zweideutig und müssen durch den Kontext bestimmt werden. Hier geben die Akkordnamen den Klang an, den diese Akkorde über einer F-Bassnote erzeugen. In Takt 28 haben wir statt eines E°7-Akkords einen Eb-Moll-Akkord. Der Ebm9b6 fängt die Harmonie der Melodie ein und macht Sinn, da er im nächsten Takt einen Halbtonschritt nach unten zu einem d-Moll-Akkord aufgelöst wird.

Takte 29-32

In Takt neunundzwanzig werden die Dm11-Akkord-Voicings durch Bbmaj7 ersetzt (Ersetzung von Akkord iii durch Akkord I). Die restlichen Akkorde sind ziemliche Standardvariationen.

Takte 33-38

Zum Abschluss des Arrangements haben wir ein melodisches Statement, die auf einem Bbmaj7-Akkord als eine Art Vamp basiert. Diese Idee stammt aus der Visualisierung von Bbmaj7 auf dem gesamten Griffbrett und dem Herauspicken von Clustern von Noten, die den Bbmaj7-Klang erzeugen. Sie veranschaulicht das mächtige Potenzial von Griffbrettkarten, um sinnvolle Comping-Patterns zu erstellen und harmonische Ideen durch nur wenige Noten auszudrücken.

Ich hoffe, dass dir das Lernen dieses Arrangements Spaß gemacht hat und dass es dich dazu inspiriert, einige deiner Lieblings-Jazzstandards aufzupeppen. Übe und erforsche weiter!

www.ingramcontent.com/pod-product-compliance
Lightning Source LLC
Chambersburg PA
CBHW081427090426
42740CB00017B/3212